UNI
WISSEN

Your Words, Your World

Ein englischer Wortschatz für Studium und Beruf

Richard Humphrey

…st Klett Sprachen
Barcelona Budapest … on Posen Sofia Stuttgart

»Men ever had, and ever will have, leave
To coin new words well suited to the age.
Words are like leaves, some wither ev'ry year,
And ev'ry year a younger race succeeds.«
HORACE, *Ars Poetica,* c. 8 B.C.

»If we see how words came to be what they are,
we can see how the world came to be what it is.«
OWEN BARFIELD, 1973

»I had a passion for words in themselves,
and collected them like stamps or birds' eggs.«
WILLIAM GOLDING, 'Billy the Kid', 1965

»One forgets words as one forgets names.
One's vocabulary needs constant fertilizing or it will die.«
EVELYN WAUGH, 1962

»Als ob nicht alle Worte Taschen wären, in welche bald dies,
bald jenes, bald mehreres auf einmal gesteckt worden ist!«
FRIEDRICH NIETZSCHE, *Der Wanderer und sein Schatten,* 1880

»Der Engländer hat für jeden Begriff ein Wort und für jede
ihrer Nuancen noch eins – da ist ein großer Wortreichtum.«
KURT TUCHOLSKY, 1921

9 783129 395998

Bibliographische Information Der Deutschen Bibliothek
Die Deutsche Bibliothek verzeichnet diese Publikation in der Deutschen Nationalbibliographie;
detaillierte bibliographische Daten sind im Internet über http://dnb.ddb.de abrufbar

1. Auflage A 1 6 5 4 3 2 | 2007 2006 2005 2004 2003

Internetadresse | http://www.klett-verlag.de
Bildnachweis | Helmut Minkowski. Vermutungen über den Turm zu Babel. Mit freundlicher Genehmigung des Luca-Verlages. Lingen 2001

Redaktion | Margit Künzel
Umschlaggestaltung und Layout | Christine Schneyer
Satz | Hahn Medien GmbH, Kornwestheim
Druck | Gutmann + Co., Talheim. Printed in Germany.
ISBN 3-12-939599-7

Inhalt

Vorwort

Passion Wortschatz

Nichts zeichnet Anglisten/-innen sosehr aus wie ihre Lust am fremdsprachlichen Wort. Sie sind Wortbegeisterte, ja Wortpassionierte von Natur aus sowie von künftigen Berufs und Amts wegen. Allzu oft aber gerinnt diese Leidenschaft zum Leiden. Dass die Grenzen meiner Sprache die Grenzen meiner Welt sind (Wittgenstein), gehört zu den Kernsätzen der modernen Philosophie. In einem banaleren Sinne kennzeichnet der Satz aber auch eine der Urerfahrungen des Fremdsprachenerwerbs: Der in der Muttersprache geschulte Ausdruckswille eilt den in der Fremdsprache gemeisterten Ausdrucksmöglichkeiten voraus. Welt und Wort stehen in einem Missverhältnis, der angestrebte Diskurs ist so inhaltlich unbefriedigend wie sprachlich verarmt.

Konsequenz

Die einzig wahre Konsequenz ist die – möglichst durchdacht gestaltete, möglichst studienbegleitend betriebene – Wortschatzarbeit. Auf diesem langen Marsch zur fortgeschrittenen lexikalischen Kompetenz versteht sich der hiermit vorgelegte Wortschatzband als Vademecum, als Wegbegleiter und -weiser in einem.

Wortschatz und Lexis

Ein Wortschatz ist ein Kanon der Lexis. Wie jeder andere Kanon ist er eine reflektierte Auswahl aus der Palette des jeweils Gegebenen. Wie jeder andere Kanon muss er immer wieder neu definiert, immer wieder für neue Zwecke und neue Leserschaften neu abgesteckt werden.

Gerade bei der englischen Sprache fällt diese Kanonbildung indes schwer. Denn der aus den verschiedensten Quellen gespeiste Wortschatz des Englischen ist bekanntlich nicht der engste der Welt, sondern der vermutlich umfangreichste. Er umfasst nach konservativen Schätzungen an die 500 000 Lexeme, unter denen Studierende eine sinnvolle, aber notgedrungen selektive Auswahl treffen müssen, um angemessen auf die Erfordernisse des Studiums wie auch des Lebens reagieren zu können.

Erschwerend kommt hinzu: Gerade der anglistisch relevante Wortschatz hat sich im Laufe der letzten beiden Jahrzehnte entschieden geändert und erweitert. Der Beschleunigungsschub der Postmoderne mit seinen vielfältigen Neuerungen in so unterschiedlichen Bereichen wie Lebenswelt, Gesellschaftsstrukturen, Ökologie, internationalen Beziehungen, Informationstechnologien, High-Tech, Weltraum usw., die anthropologischen, strukturalistischen und narratologischen Wenden der Anglistik als Fach, die parallelen Entwicklungen in den von Examenskandidaten/-innen mitstudierten Fächern – all dies bedeutet den dringenden Erweiterungsbedarf herkömmlicher Wortschatzbücher. Hinzu kommen die vielen neuen Berufsziele der Absolventen/-innen anglistischer Studiengänge. Ein

Wortschatzband, der den Anspruch erheben möchte, übermorgen nicht bereits von vorgestern zu sein, muss diese Entwicklungen gebührend berücksichtigen.

Aktualität

Der vorliegende Wortschatzband basiert folglich einerseits auf Wortlisten, die von noch studierenden Anglisten/-innen als die einschlägigsten im jeweiligen Sachgebiet bezeichnet wurden, andererseits auf einer intensiven Mediensichtung in den Jahren 2000 und 2001. Gleichzeitig wird mit Blick auf das im Laufe eines Studiums zu bewältigende literarische Lesepensum auf historische Formen und regionale Varietäten eingegangen.

Struktur

Dem resultierenden Band liegt ferner eine zweifache Gliederung zugrunde. Zum einen ist er in 28 Kapitel unterteilt, deren Reihenfolge von der Welt der Materie über die Welt des Menschen bis hin zu den schriftstellerischen, künstlerischen und philosophischen Reflexionen über diese Welten führt. Zum anderen fällt jedes Kapitel in zwei Teile: Sprache und Metasprache. Den Termini für die Grundgegenstände des Sachgebiets folgen die Hauptbegriffe der jeweils dazugehörigen Disziplin, wobei die Übergänge naturgemäß fließend sein können. Die zwei Teile lassen sich nichtsdestotrotz als Grund- und Hauptstudium auffassen, die Zweiteiligkeit der Kapitel ist gleichzeitig eine Herangehensweise und eine Lernoption.

Wortfelder

Die einzelnen Kapitel des Bandes sind wiederum in zahlreiche Wortfelder oder -grüppchen unterteilt. Diese erleichtern einerseits den pragmatischen Zugriff auf Lexeme, sind andererseits aber auch mnemotechnisch einprägsamer.
In der Welt der Bezüge gibt es kein Ende, es sei denn ein willkürlich gesetztes. Den Benutzern/-innen dieses Bandes wird empfohlen, diese Wortfelder als Ausgangspunkte für weitere Erkundungen aufzufassen, sie laufend zu ergänzen und miteinander zu verknüpfen. Ein Wortschatz wird erst dann zum eigenen, wenn er durch das auf den Umwegen und kleinen Fluchten, den Saumpfaden und Passhöhen des eigenen Lebens Erlebte und Versprachlichte angereichert worden ist.

Boxes

Wenn es die Worte nicht gäbe, stünden die Wörter recht arm da. In jeder Einheit kommen folglich verschiedenartige *Boxes* vor, die alle Zusatzangebote zum jeweiligen Wortfeld enthalten. Die mit Schattierung hervorgehobenen stellen jeweils einen speziellen Wortschatzteilbereich in gedrängter Form dar. Die **Wordwise**-*Boxes* geben weiterführende lexikalische Hinweise. Die **Weigh Your Words**-*Boxes* dienen der lexikalischen Differenzierung. Die **Whence and Why**-*Boxes* bieten landeskundlich-kulturwissenschaftliche Informationen. Die **Ways with Words**-*Boxes* stellen verwandte Idiome vor, allerdings nur solche, die in dem in dieser Serie bereits vorliegenden *Idioms*-Band (siehe Umschlag) nicht vorkommen.

Your Words, Your World

Die am Schluss jeder Einheit stehenden **Your Words, Your World**-*Boxes* machen auf sprach- und begriffsgeschichtliche Zusammenhänge aufmerksam, wobei die angegebenen Daten der neuesten Ausgabe des *OED* auf CD-ROM entstammen. Es gilt selbstredend, die in der Begriffsgeschichte fast immer angebrachte Vorsicht walten zu lassen, denn häufig gibt es einen Hiatus zwischen Realität und Begriffsbildung. Dennoch dienen die hier gesammelten Wortgeschichten der vom Historiker Eric Hobsbawm formulierten Erkenntnis: ‚Words are witnesses that often speak louder than documents'.

Zitate zum Wort

Die durch den ganzen Band verstreuten Zitate zum Wesen des Worts und des Sprachenlernens schließlich haben mit dem angebotenen Wortschatz an sich sowohl nichts als auch alles zu tun. Zum Faszinosum der Anglistik gehört es, dass das fremdsprachliche Wort gleichzeitig das Medium unseres Kommunizierens als auch der Gegenstand unserer Analysen ist. Letzere erinnern uns daran, dass ein Wort weitaus mehr als eine Vokabel ist. Wörter sind Tür- und Toröffner, Horizonterweiterer, Ermöglicher, Sinnstifter, *world-makers*. Wie es bei Karl Kraus heißt: ‚Ich habe manchen Gedanken, den ich nicht habe und nicht in Worte fassen könnte, aus der Sprache geschöpft.'

Danksagung

Gerade die Ermutiger verdienen Ermutigung. Der große Dank des Autors gilt dem Herausgeber der Serie, Ansgar Nünning, der auch diesen Band mit souveräner Geduld und wohldosiert-urgierender Unrast angespornt hat. Zahlreiche Hinweise verdankt der Autor auch Meike Kross, Rose Lawson, Matthias Dopleb und dem akribischen Klaus Schaeffler. Sein größter Dank gilt aber den Gießener Studentinnen Stefanie Hermann, Bianca Seitz, Anja Scholl, Antje Becker und Wibke Bindemann, die in den Monaten Januar bis Juni 2001 aus der Sicht von erfahrenen, kurz vor dem Abschluss und dem Berufsleben stehenden Studierenden der Anglistik unzählige Ergänzungs- und Verbesserungsvorschläge gebracht haben. Ohne ihre Anregungen wäre der nun vorliegende Band zwar kürzer, aber auch ärmer und weniger differenziert.

Schlussbemerkung

Sinn dieses Bandes ist es nicht, zu suggerieren, der fremdsprachliche Wortschatzerwerb sei ein Leichtes. Zielsetzung des Bandes ist es indes sehr wohl, darzulegen, dass der Wortschatzerwerb eine Unumgänglichkeit ist – und eine lust- und erkenntnisbringende obendrein. Der breitangelegte, nuancierte fremdsprachliche Wortschatz ist der Pegel unseres Könnens, der Maßstab unserer Ansprüche, der Markierer unserer Welterkundungen, der Beflügler unserer Lektüre, der Verfeinerer unserer Analysen. Der gelungene und bedachte Wortschatzerwerb ist zugleich Cachet und Motor eines erfolgreichen Anglistikstudiums.

1 UNIT The Physical World, Geology and Geography

Mich dünkt dieses: daß allenthalben auf unserer Erde werde, was auf ihr werden kann ...
JOHANN GOTTFRIED HERDER, 1784

The Cosmos

nothingness, the void, the *néant*	das Nichts
the cosmos; space, outer space	der Kosmos; der Weltraum
the heavens, the skies	der Himmel
the celestial/heavenly body	der Himmelskörper
the solar system	das Sonnensystem
the planet, satellite, moon	der Planet, Trabant, Mond
to orbit; the orbit, trajectory	umkreisen; die Umlaufbahn

Wordwise: The heavens can still be referred to in the images of 'the firmament' *das Firmament*, the 'vault (*Gewölbe*) of heaven', the 'canopy (*Baldachin*) of heaven', the 'starry sky', the 'starry sphere' and the 'empyrean'. *Der nächtliche Himmel* is 'the sky at night'.

the solar/lunar eclipse	die Sonnen-, Mondfinsternis
the total/partial eclipse	die totale, partielle Finsternis
the comet; head, dust tail	der Komet; Kopf, Staubschweif
the asteroid, meteor, meteorite	der Asteroid, Meteor, Meteorit
to collide with (the) Earth	mit der Erde kollidieren
on a collision course with	auf Kollisionskurs mit
the Milky Way; the gas nebula	die Milchstraße; der Gasnebel

Am Anfang war das Wort. Dann muß es ihm die Sprache verschlagen haben.
HEINRICH WIESNER

the galaxy, galactic	die Galaxie
the constellation; star cluster	das Sternbild; der Sternhaufen
the polestar, polar star, lode star	der Polarstern
the quasar, the pulsar	der Quasar, der Pulsar
the red giant, white dwarf	der rote Riese, weiße Zwerg
the black hole	das schwarze Loch

Wordwise: Modern theories of the universe include the 'big bang' *der Urknall*, the 'steady state theory' Steady State-*Theorie*, and visions of our space as an 'expanding' *expandierendes*, 'pulsating' *pulsierendes* or 'oscillating universe' *oszillierendes Universum*. Linked to these is 'Chaos theory' *die Chaostheorie*. Early world pictures (*Weltbilder*) include the 'Ptolemaeic universe' *das ptolemäische Universum*, the biblical 'creation story' *die Schöpfungsgeschichte*, the 'great chain of being' *die große Kette des Seins* and the 'Copernican universe' *das kopernikanische U ~*. Galileo's renowned remark *Und sie bewegt sich doch* is 'And yet it moves'.

	gravitational collapse	der Gravitationskollaps
	the observatory; radio telescope	die Sternwarte, das Radioteleskop
The Physical World: the Basics	matter; the four elements	die Materie; die vier Elemente
	the Earth's crust	die Erdkruste
	earth, earthen; soil	die Erde, irden; der Erdboden
	a clod of earth, the sod	der Erdklumpen; die Grasnarbe
	humus	der Humus

Weigh Your Words: 'Earth' is the term for the substance of the Earth's crust; 'soil' is earth under an agricultural, or gardening, aspect. 'To work on the soil' is to be a farm labourer. 'On American soil' is *auf amerikanischem Boden*; 'one's native soil' is *die heimatliche Erde*. The adjective 'earthen' is found largely in the compound 'earthenware', *Steingut*. The adjective 'earthy' now has the sense *deftig*, the adjective 'soiled' means only *ver/beschmutzt*. *Irdisch* is nowadays 'earthly'; *ein Erdling* is an 'earthling'. 'Of no earthly use' is *völlig unnütz*; 'no earthly reason' is *kein erfindlicher Grund*.

	mud, muddy	der Schlamm, schlammig
	slime FF; mire, slush, sludge	der Schlamm; Kot, Matsch
	ooze	der Treibsand; Schlick FF
The Globe	the Northern/Southern Hemisphere	die Nord-, Südliche Hemisphäre
	the Arctic, Antarctic	die Arktis, Antarktis
	the Arctic / Antarctic Circle	der nördliche/ südliche Polarkreis
	the pole, polar cap/ice cap	der Pol, die Eisdecke
	the tropics	die Tropen
	the Tropic of Cancer, Tropic of Capricorn	der Wendekreis des Krebses, ~ des Steinbocks
	the continental shelf	der Kontinentalschelf, -sockel
	continental drift	die Kontinentalverschiebung
	sea level	der Meeresspiegel
The Sea	the ocean, ocean bed/floor	der Ozean, der Meeresgrund
	the Seven Seas	die sieben Weltmeere
	the seabed	der Meeresboden
	the deep (*poet.*), depths of the sea	das Meer, die Tiefen des M~es
	the brine, 'the briny' (*arch.* or *poet.*)	das Meer(wasser)
	the tides, tidal	die Gezeiten, den ~ unterworfen

Der Gang der Sprache ist langsam, aber unaufhaltsam wie die Natur. Stillstehen kann sie eigentlich niemals. […] Jedes Wort hat seine Geschichte und lebt sein eigenes Leben. JACOB GRIMM

	the straits; the roads	die Meerenge; die Reede

	the doldrums	die Windstillen, die Kalmenzone
	the ice berg, berg FF; the ice floe	der Eisberg; die Eisscholle
	the pack ice; the growler	das Packeis; der kl. Eisberg
Waves	the wave, (*poet.*) billow; crest	die Welle, die Woge; der Kamm
	white horses, white-caps	schaumgekrönte Wellen
	the surf; the spray, the spume	die Brandung; der/die Gischt
	the roller, the breaker	die Sturzwelle, der Brecher
	the tidal wave, freak wave	die Flutwelle
Key Seas and Waters	the Atlantic / Pacific / Indian Ocean	der Atlantische / Pazifische / Indische Ozean
	the North Sea; the Baltic FF	die Nordsee; die Ostsee
	the Caspian Sea, Black ~	das Kaspische Meer, Schwarze ~
	the Mediterranean (Sea)	das Mittelmeer
	the Red Sea; the Dead Sea	das Rote Meer; das Tote Meer
	the English Channel	der Ärmelkanal
Lakes	the lake, mere, ScE loch, IrE lough	der See, Binnensee
	the chain of lakes	die Seenplatte
	the man-made lake	der künstliche See
	the pond, duck-pond	der Weiher, Entenweiher

Weigh Your Words: The term 'mere' tends to be found in the Lake District (in England's North-West) and in East Anglia (north-east of London): 'Windermere' and 'Horsey Mere' are among the best known. The lakes of East Anglia are also known as 'broads'.

Islands	the island, (poet.) isle; islet	die Insel; kl. Insel
	the chain/group of islands	die Inselkette, -gruppe
	the archipelago, atoll	der Archipel, das Atoll
	the volcanic island; the lagoon	die Vulkaninsel; die Lagune
	the offshore island	die der Küste vorgelagerte Insel
Where Land Meets Sea	the coast, coastal	die Küste, Küsten-
	the coastal, the riparian strip	der Küstenstreifen, der Ufer~
	the peninsula; the spit	die Halbinsel; die Landzunge
	the promontory, headland, hoe	die Landspitze, -zunge
	the isthmus	die Landenge
	the cape	das Kap
	the estuary, ScE the firth; the fjord	die Flußmündung; der Fjord
	the inlet, AuE creek	der Meeresarm
	the bay, the cove	die Bucht, kl. Bucht
	the chine SoE	tiefe Schlucht zum Meer führend
	the mudflats	das Watt, der Schlick
	the cliff(s)	die Steilküste, das Kliff
	the rock(s)	der Fels, die Felsen

the reef, coral reef	das Riff, Korallenriff
the sandbank; the sand dune	die Sandbank; die Sanddüne
the quicksand	der Treibsand
the beach, IrE the strand	der Strand
the shingle; the pebble	der Kiesstrand; der Kieselstein
the salt marsh; the salt works	der Salzsumpf; die Saline
the marsh, fen; peat	die Marschlandschaft; der Torf
the bog, bogland, swamp, morass	der Sumpf, der Morast
the quagmire, slough	das Sumpfland, das Sumpfloch
the silt; silted up	der Treibschlamm; verschlammt

Highland, Lowland

the mountain, ScE ben; m~ range	der Berg; das (Hoch)Gebirge
the mountain ridge	der Bergfirst, der Grat
the mountain mass	die Gebirgsmasse

ein Satz, zu dem er aufsah wie zu der Schneekuppe eines fernen Berges ...
November 1918, III, ALFRED DÖBLIN

the hill, chain of hills	der Hügel, die Hügelkette
the hilltop, the height	die Höhe, Anhöhe
the peak, summit; plateau	der Gipfel; die Hochebene
the tor [FF], the rock outcrop	der (kahle) Felsvorsprung
the cairn ScE; the scree	der Steinhaufen; das Geröll
the landmark	der Markstein; das Wahrzeichen
the boulder	der Findling, erratischer Block
the viewpoint, vantage point	der Aussichtspunkt, die ~kanzel
the fell [FF]	der kahle, felsige Berg
the knoll [FF], hillock	der kl. Hügel, das Hügelchen
the hillside, the slope	der Hang, der Abhang
the hollow	die Mulde

Die Sprache gibt allem Überlegenwollen erst Weg und Steg.
MARTIN HEIDEGGER

the pass, the col; top of the pass	der Gebirgspass; die Passhöhe
the glacier; the moraine	der Gletscher; die Moräne
the canyon; the gorge	der Cañon; die Schlucht
the crevass, ravine, defile	die Gletscherspalte
the cave, cavern, grotto	die Höhle, Grotte
the bowels of the earth	das Erdinnere
subterranean	unterirdisch
the precipice, abyss	der Abgrund
steep, sheer, precipitous	steil, abgründig
the flatlands	das Flachland
the lowlands; the prairie, steppe	das Tiefland; die Prärie, Steppe

	the outback AuE, veldt SaE	das Gras- od. Buschland
	the wilds, the wilderness	die Wildnis
	the Alps; the Himalayas	die Alpen; der Himalaja
	the Andes; the Urals	die Anden; der Ural
Volcanos	the dormant/active volcano	der nichtaktive/aktive Vulkan
	the cone; the crater	der Kegel; der Krater
	to erupt, the eruption	ausbrechen, der Ausbruch
	lava, pumice stone	die Lava, der Bimsstein
	the lava flow	der Lavastrom
Landscapes	the countryside	die Landschaft
	the valley, ScE the glen, WeE cwm	das Tal
	the coomb(e), combe SwE	die Talmulde
	the strath ScE	breites, fruchtbares Tal
	the plain, floodplain	die Ebene, Überschwemmungs~
	the water meadow	die Wasserau
	the heath, heathland	die Heide, Heidelandschaft

Weigh Your Words: 'Countryside' is today the term for the area of land one experiences directly: 'landscape' denotes the same area viewed under an aesthetic aspect. Thus one lives 'in the countryside' or 'in the country', but admires, or paints, 'a landscape'. 'Landscape gardening' is the shaping of a park or an estate for pictorial effect.

	the moor(s) FF	das Hochmoor
	the marches FF	die Grenzlandschaft, Gemarkung
	the desert, the oasis	die Wüste, die Oase
Types of Land	level, flat; rolling, undulating	eben, flach; wellig
	hilly, mountainous, alpine	hügelig, bergig, alpin
	up hill and down dale	bergauf, bergab
	fertile, infertile	fruchtbar, unfruchtbar
	arid, barren, bare	dürre, karg, kahl, öde
	rugged	schroff, felsig, zerklüftet
	gravel; stony, gravelly	der Kies; steinig, kiesig
	the wasteland	die Ödnis
Water Courses	the water course	der Wasserlauf; das Flussbett
	the river; the current	der Fluss, Strom FF; die Strömung
	the tributary; to flow into	der Nebenfluss; münden in
	the stream, (*poet.*) the brook	der Bach, das Bächlein
	the rivulet	das Rinnsal, Flüsschen
	the ford, the river crossing	die Furt
	the cascade; the (mountain) torrent	die Kaskade; der Sturzbach
	the weir; the dam	das Wehr; der Staudamm
	the canal; the lock	der Kanal; die Schleuse FF
	the inland waterways	die Binnengewässer

Woods, Forests	the jungle; the rain forest	der Dschungel; der Regenwald
	the forest, mixed forest	der Wald, Mischwald
	the wood, woodland	der Wald, die Waldung

Ways with Words: 'My name'll be mud' *Ich werde unten durch sein* – 'to be in the doldrums' *deprimiert sein, Trübsal blasen* – 'He erupted' *Er ging die Wände hoch* – 'to show grit' *Mumm/Mut an den Tag legen* – 'a slimy person' *ein kriecherischer Mensch* – 'a bedrock conviction' *eine Grundüberzeugung* – 'a mine of information' *eine Fundgrube* – 'You're not the only pebble on the beach' *Man kann auch ohne dich auskommen* – 'from the vantage point of hindsight' *zurückblickend* – 'the Emerald Isle' *die grüne Insel, Irland* – 'You sod' *Du Arsch* – 'to be on the crest of the wave' *auf dem Gipfel des Glücks sein* – 'down to earth' *realistisch, nüchtern, sachlich*

	the copse, coppice	das Gehölz; das Gestrüpp
	the aisle of/through the forest	die Waldschneise
	the clearing	die Lichtung; die Rodung
	to clear, fell	roden, fällen
	the undergrowth, the thicket	das Gestrüpp, das Dickicht
	the bracken	die farnbewachsene Gegend
	the hedge, hedgerow	die Hecke
Winds	the gentle wind, the breeze	der sanfte Wind, die Brise
	a stiff breeze	eine steife Brise
	the gust (of wind); the squall	der Windstoß; die Windböe
	1. windy 2. gusty/blustery 3. squally	1. windig 2. stürmisch 3. böig
	cutting, swirling winds	schneidende, wirbelnde Winde
	the storm; in the eye of the storm	der Sturm; im Auge des S~s
	the tornado; hurricane	der Wirbelsturm; der Orkan
	the whirlwind	die Windhose, der Wirbelwind
	a north-easter, a sou'wester	ein Nordostwind, Südwestwind
	the trade winds	die Passatwinde
Mists	1. haze 2. mist 3. fog 4. smog 5. a 'pea-souper'	1. der Dunst 2. feine Nebel 3. Nebel 4. Smog 5. ‚Waschküche'
	1. hazy 2. misty 3. foggy	1. diesig 2. dunstig 3. neblig
	the swathe of mist/fog	der Nebelschwaden

Im Nebel sind Gestalten wie Worte. Wer immer daherkommt im Nebel, erregt mich wie ein neues Wort. ELIAS CANETTI

	the veils/wraiths of mist	die Dunstschleier
	the sea fret SwE, the haar [FF] ScE	der Nebel vom Meer
Clouds	the cirrus/cumulus cloud	die Zirrus-, Kumuluswolke
	a bank of cloud	eine Wolkenbank

	the cloud layer	die Wolkendecke
	the clouds are gathering	die W~ ziehen sich zusammen
The Weather	the cold snap	die Kaltwetterperiode
	the sharp fall in temperature	der Kälteeinbruch
	1. chilly, nippy, BrE parky 2. frosty 3. bleak 4. arctic, Siberian	1. kühl 2. eisig, frostig 3. rauh 4. arktisch, sibirisch
	sub-zero temperatures	Temperaturen unter Null
	freezingly cold, shiveringly cold	bitterkalt, eiskalt, schlotterkalt
	appalling, atrocious, filthy weather	Sauwetter, Schmuddelwetter
	to rain; pour with rain, bucket down	regnen; gießen/schütten/ pladdern
	to drizzle, spit with rain	nieseln
	hail, sleet	der Hagel, der Schneeregen
	the fair/fine spell/period/stretch	die Schönwetterperiode
	in the furnace of summer	unter der Hitzeglocke des S~s
	swelteringly/broilingly hot	sengend, kochend heiß
	glorious/superb/magnificent weather	Bombenwetter
	the dog days, canicular days	die Hundstage
	the Indian summer	der Nach-, Altweibersommer
	sultry, stuffy, muggy, sticky	drückend, stickig, schwül
	a storm is threatening, brewing, gathering	es droht ein Unwetter, ein ~ braut sich zusammen
Snow and Ice	the snow flake	die Schneeflocke
	the flurry	das Schneegestöber
	the blizzard, blizzard conditions	der Schneesturm
	the snow drift	die Scheewehe
	freezing rain	der Eisregen
	black ice; the roads are icy	das Glatteis; die S~ sind glatt
	like a skating rink	spiegelglatt
Natural Disasters	the natural disaster	die Naturkatastrophe
	the flood, the flash flood	die (jähe) Überschwemmung
	the mudslide	die Schlammlawine
	the landslide; the avalanche	der Erdrutsch; die Lawine
	the earthquake, the 'quake	das Erdbeben
	the after-tremor	das Nachbeben
	6.4 on the Richter scale	6,4 auf der Richterskala
	the drought; parched	die Dürreperiode; ausgedorrt

In the world of words, the imagination is one of the forces of nature.
WALLACE STEVENS

	the forest fire	der Waldbrand
Geography	geography, the geographer	die Erdkunde, der Geograph
	geoscience	die Geowissenschaften

Among the many partial disciplines of geography are: 'cartography' *die Kartographie*, 'climatology' *die Klimatologie*, 'geochronology' *die Geochronologie*, 'glaciology' *die Gletscherkunde, Glaziologie*, 'meteorology' *die Meteorologie*, 'mineralogy' *die Mineralogie*, 'oceanography' *die Ozeanographie*, 'palaeontology' *die Paläontologie*, 'petrography' *die Petrographie, Gesteinskunde*, sedimentology *die Sedimentologie* and 'volcanology' *die Vulkanologie*.

Key Geographic Terms	the topography	die Topographie
	the 1. vicinity, locality 2. area 3. district 4. region	1. die Nähe 2. die Umgebung 3. die Gegend 4. die Region
	the hinterland, heartland	das Hinterland, Herz-, Kernland
	the gradient	die Steigung, das Gefälle
	the fault line	die Verwerfung
see	the rainfall line	die Niederschlagsgrenze
§ 2	the cultivation line	die Bebauungsgrenze
	erosion, desertification	die Erosion, die Verwüstung
	the seismograph	der Seismograph
Maps	the relief map; the chart	die Reliefkarte; die Seekarte
	to map; to chart (*normally of sea*)	kartographisch erschließen
	the scale; to a scale of 1:100	der Maßstab; im Maßstab 1:100
	the map projection	der Kartennetzentwurf
	the legend, key	die Legende
	the line of latitude/longitude	der Breitengrad, Längen~
	the contour line	die Höhenschichtlinie
	map-making, the map-maker	die Kartographie, der Kartograph
Geology	geology, earth sciences	die Geologie, die Bodenkunde
	the geologist, mineralogist	der Geologe, Mineraloge
	the stratum, layer	das Stratum, die Schicht
	the rock bed	der Felsengrund
	rock formation, mountain building	die Fels-, Bergformation
	the topsoil	die Boden-, Ackerkrume
	the subsoil	der Untergrund
	the sediment	das Sediment
	the mineral resources, m~ deposits	die Bodenschätze, Erzvorkommen
Mineral Deposits	the vein, seam of ore	die Erzader
	the nugget	das Nugget, der Klumpen

The 'precious metals' *Edelmetalle* include gold *Gold*, silver *Silber* and (sometimes) platinum *Platin*. 'Precious stones' *Edelsteine*, also known as 'gems' or 'gemstones', include the 'diamond' *der Diamant*, the 'emerald' *der Smaragd*, the 'pearl' *die Perle*, the 'ruby' *der Rubin*, and the 'sapphire' *der Sapphir* as well as rarer stones such as the 'garnet' *der Granat*, the 'jasper' *der Jaspis*, the 'tourmaline' *der Turmalin*, and the 'moonstone' *der Mondstein*.

Types of Soil	clay, clayey, argilaceous	der Ton, der Lehm, lehmig
	loam, loamy	der Lehmboden, lehmhaltig
	marl, marly	der Mergel, ~boden, mergelig
	alluvium FF	die Alluvion
Types of Rock/Stone	igneous rock	das Eruptivgestein
	volcanic rock	das Vulkangestein
	granite, basalt, marble	der Granit, Basalt, Marmor
	limestone; sandstone	der Kalkstein; der Sandstein
	chalk, chalk cliffs	die Kreide, die Kreideklippen
	slate, shale	der Schiefer, Schieferton
	flint	der Kiesel
	gravel; grit	der Kies; grober Sand
	bedrock	das Grundgestein

Your Words, Your World: The words 'Nature' and 'countryside', in their present meanings, stem from the Agricultural/ Industrial Revolution. In the early C 18th, the 'country-side' [sic] was the side of a valley or hill facing the country. Not until 1815, in Scott's *Guy Mannering*, does the word take on the current sense of a 'district, region, tract of country having natural unity'. Likewise, 'Nature' in the sense of 'features of earth contrasted with civilization' emerges from *c.* 1680 and is present in Cowper from 1781. The ideas of a 'nature reserve', nature trail' and 'nature sanctuary', however, all emerge between 1915 and 1932. 'Pea-souper' is coined in 1890.

2 UNIT The Gaia and Environmental Studies

Let them be left / O let them be left, wildness and wet; / Long live the weeds and the wilderness yet. GERALD MANLEY HOPKINS

The Gaia	the gaia	die Gaia, Gäa
	the environment, environmental	die Umwelt, Umwelt-
	the ecology, ecosphere	die Ökologie, die Ökosphäre
	the eco-system, biosphere	das Ökosystem, die Biosphäre
	flora and fauna	die Flora und Fauna
	the species; subspecies	die Art, die Spezies; die Unterart
	the habitat	die Heimat, der Stand-, Fundort
	the tree line; timber line	die Baumgrenze; Waldgrenze
Types and Ages of Trees	the sapling	der Schößling, junger Baum
	the mature tree	der (aus)gewachsene Baum
	the bush; the hedge	der Busch; die Hecke
	the deciduous tree	der Laubbaum

Essential nuts/nut-trees include: the almond *die Mandel* – the Brazil nut *die Paranuß* – the damson *die Damaszenerpflaume* – the greengage *die Reineclaude* – the hazel/hazelnut *der Haselnußbaum* – the hickory tree *der Hickorynußbaum* – the mulberry tree *der Maulbeerbaum* – the pecan nut *die Pecannuß* – the walnut *die Walnuß*

the conifer; the cone	der Nadelbaum; der Zapfen
the evergreen	der immergrüne Baum/Busch
perennial	perennierend, mehrjährig
the fruit-bearing tree, fruit tree	der obsttragende Baum, Obst~
the flowering tree	der Blütenbaum, blühender ~

the alder *die Erle* – the ash *die Esche* – the (copper) beech *die Buche/die Blutbuche* – the (silver) birch *die Birke/Silberbirke* – the boxwood *der Buchsbaum* – the cedar *die Zeder* – the (horse) chestnut *die Kastanie/Rosskastanie* – the cypress *die Zypresse* – the elder *der Hol(l)under* – the elm *die Ulme, die Rüster* – the fir *die Tanne* – the laburnum *der Goldregen* – the larch *die Lärche* – the laurel *der Lorbeerbaum* – the lime tree *die Linde* – the magnolia *die Magnolie* – the maple *der Ahorn* – the monkey puzzle tree *die Schuppentanne* – the mountain ash *die Eberesche* – the pine *die Kiefer, die Föhre, die Pinie* – the plane *die Platane* – the poplar *die Pappel* – the oak *die Eiche* – the Scotch fir *die Föhre* – the spruce *die Fichte, die Rottanne* – the sycamore BrE *der Bergahorn*, AmE *die Platane* – the (weeping) willow *die Weide/Trauerweide* – the yew *die Eibe*

Parts of a Tree	the branch, (*poet.*) bough; branches	der Ast; das Astwerk
	the twig; twiglet	der Zweig; das Zweiglein

	the treetop, crown	der Wipfel, die Baumkrone
	the (tree) trunk, the bark	der Stamm, die Rinde
	the sap, sap wood	der Saft, das Splintholz
	the annual ring, tree ring; gnarled	der Jahresring; knorrig
	to shed leaves	Blätter fallen lassen, ~ verlieren
	the sucker	der Schößling

The British Garden

see § 7

the lawn; the turf FF	der Rasen; die oberste Grasnarbe
to mow the lawn, cut the grass	den Rasen mähen
the flower bed	das Blumenbeet
the shrub	der Strauch, Busch

Key elements of the garden are: the border, edging *die Einfassung*; the shrubbery *das Strauchwerk, Gesträuch*; the rockery *der Steingarten*; the vegetable garden *der Gemüsegarten*; the trellis *das Spalier*; the pergola *die Pergola*; the compost heap *der Komposthaufen*; the bonfire *das Gartenfeuer*.

the vine, creeper	die Rankepflanze
the manure, to manure/fertilize	der Dünger, düngen
the (artificial/organic) fertilizer	der Dünger, Kunst/Naturdünger

Essential shrubs/hedges are: the clematis *die Waldrebe, Klematis* – the forsythia *die Forsythie* – the gorse *der (Stech-)Ginster* – the holly *die Stechpalme* – the ivy *der Efeu* – the privet *der Liguster* – the hawthorn *der Weiß-, Rot-, Hagedorn* – the hydrangea *die Hortensie* – the honeysuckle *das Geißblatt, der/das Jelängerjelieber* – lavender *der Lavendel* – the rhododendron *der/das Rhododendron*

Gardening

to garden, do the gardening	die Gartenarbeit erledigen
to weed, do the weeding	Unkraut jäten
to plant out	aus-, um-, verpflanzen
to prune, cut out dead wood	zurückschneiden, beschneiden

Unter der Wurzel der Distel / Wohnt nun die Sprache, / Nicht abgewandt, / Im steinigen Grund. PETER HUCHEL

to take cuttings	Ableger nehmen
the greenhouse; hothouse	das Treibhaus; Gewächshaus
to potter around in the garden	im Garten herumwühlen

Gardening Implements

the spade, to dig	der Spaten, graben
the trowel	die Schaufel
the hoe, to hoe	die Hacke, den Boden hacken
the rake, to rake	der Rechen, die Harke, harken
the shears FF, the secateurs	die Gartenschere, Baumschere
the lawn-mower; the hood	der Rasenmäher; die Grasfangbox

	the garden hose FF	der Gartenschlauch
	the (lawn) sprinkler	der Rasensprenkler

Parts of Flowers

the bulb, tuber	die Blumenzwiebel, Knolle FF
the stalk, stem; the bud	der Stengel; die Knospe
the petal, the pollen; the calyx	das Blütenblatt, ~staub; ~kelch
the sprig, spray	das Zweigchen

Essential garden flowers are: the amaryllis *die Narzissenlilie/Amaryllis* – the aster *die Aster* – the azalea *die Azalee* – the begonia *die Begonie* – the camellia *die Kamelie* – the carnation *die Nelke* – the chrysanthemum *die Chrysantheme* – the cornflower *die Kornblume* – the crocus *der Krokus* – the daffodil *die Narzisse/Osterglocke* – the dahlia *die Dahlie* – the delphinium *der Rittersporn* – the forget-me-not *das Vergißmeinnicht* – the gladiolus *die Gladiole* – the hollyhock *die Malve, Stockrose* – the hyacinth *die Hyazinthe* – the primrose *das Veilchen* – the iris *die Iris* – the lilac *der (spanische) Flieder* – the lily *die Lilie* – the marigold *die Ringelblume* – the Michaelmas daisy *die Marg(u)erite* – the narcissus *die Narzisse* – the nasturtium *die Kapuziner-, Brunnenkresse* – the pansy *das Stiefmütterchen* – the peony *die Pfingstrose* – the petunia *die Petunie* – the pink *die Nelke* – the primula *die Primel* – the rose *die Rose* – the snapdragon *das Löwenmaul* – the snowdrop *das Schneeglöckchen* – the sunflower *die Sonnenblume* – the sweet pea *die Gartenwicke* – the tulip *die Tulpe* – the violet *das Veilchen* – the wallflower *die Mauerblume*

the bouquet, posy, *(poet.)* nosegay	der Strauß, das Bukett

Oft, wenn ich lese, ziehen mir, wie aus weiter Ferne, die ersten Eindrücke wieder vorüber, die in den frühsten Tagen der Kindheit einzelne Wörter und ganze Ausdrücke auf mich gemacht haben. [...] Tulpe, Rose. Tagebücher, FRIEDRICH HEBBEL

The Garden Pond

the water lily	die Wasserlilie, Seerose
the frond, the reeds	der (Farn)Wedel, das Schilf

Essential wild flowers include: the bluebell *die Glockenblume* – the buttercup *die Butterblume* – the clover *der Klee* – the cowslip *die Schlüsselblume* – the daisy *das Gänseblümchen* – the dandelion *der Löwenzahn* – the deadly nightshade *die Tollkirsche* – the foxglove *der Fingerhut* – the heather *das Heidekraut* – the lily of the valley *das Maiglöckchen* – the poppy *die Mohnblume* – the thistle *die Distel* – the wood anemone *das Buschwindröschen*

The Kitchen Garden

for vegetables see § 6

the kitchen garden	der Gemüsegarten
the lettuce patch, potato patch	das Salatbeet, Kartoffelbeet
the bean row, the beanpole	die Bohnenreihe, Bohnenstange
the greenhouse/outdoor tomato	die Treibhaus-, Freilandtomate

Essential small fruit includes: the blackcurrant *die schwarze Johannisbeere* – the blueberry *die Blaubeere* – the gooseberry *die Stachelbeere* –

the quince *die Quitte* – the raspberry *die Himbeere* – the redcurrant *die rote Johannisbeere* – the strawberry *die Erdbeere*

The Animal World

the vertebrate, invertebrate	das Wirbeltier, das w~lose Tier
the mammal; the primates	das Säugetier; die Primaten
wildlife	wildlebende Tiere

The major primates are: the ape *der Menschenaffe* – the baboon *der Pavian* – the chimpanzee *der Schimpanse* – the gibbon *der Gibbon* – the gorilla *der Gorilla* – the lemur *der Lemure/Halbaffe* – man/the human (being) *der Mensch* – the orangutan *der Orang-Utan*– the spider monkey *der Klammeraffe*

the ruminant	der Wiederkäuer
the marsupial	das Beuteltier
the amphibian	die Amphibie, der Lurch
the sea mammal	der Meeressäuger
the reptile	das Reptil, das Kriechtier
the insect	das Insekt

the ant *die Ameise* – the beetle *der Käfer* – the centipede *der Hundertfüßler* – the cicada *die Zikade* – the cricket *die Grille* – the crane fly, daddy longlegs *die Schnake, der Weberknecht* – the dragonfly *die Libelle* – the grasshopper *der Grashüpfer* – the hornet *die Hornisse* – the ladybird *der Marienkäfer* – the locust *die Heuschrecke* – the millipede/millepede *der Tausendfüßler* – the midge/gnat *die Mücke* – the black widow (spider) *die Schwarze Witwe* – the scorpion *der Skorpion* – the termite *die Termite* – the tick *die Zecke* – the wasp *die Wespe*

the caterpillar	die Raupe
the larva; the chrysalis	die Larve; die Puppe
the animal of prey; predatory	das Raubtier; Raub~
the scavenger, to scavenge	der Aasfresser, nach Aas suchen
the carnivore, omnivore	der Fleischfresser, Allesfresser
the biped, quadruped	der Zweifüßler, Vierfüßler
the vermin	das Ungeziefer

Key vermin/pests include: the colorado beetle *der Kartoffelkäfer* – the louse *die Laus* – the parasite *der Parasit* – the nit *die Nisse* – the flea *der Floh* – the mite, house mite *die Milbe*– the cockroach *die Kakerlake, Küchenschabe* – the rat *die Ratte* – the slug *die Nacktschnecke* – the weevil *der Rüsselkäfer, Getreidekäfer*

infested with rats	geplagt von Ratten, r~verseucht

Essential Rodents

the rodent	das Nagetier
the rat, water rat, muskrat	die Ratte, Wasser~, Bisam~
the ferret; the vole	das Frettchen; die Wühlmaus
the dormouse; the hamster	der Siebenschläfer; der Hamster

	the weasel; the stoat	das Wiesel, das Hermelin
	the skunk	der Skunk, das Stinktier

Reptiles	the crocodile, alligator	das Krokodil, der Alligator
	the iguana; the lizard	der Leguan; die Eidechse
	the tortoise, the turtle	die Schildkröte, die See/Meeres~
	the dinosaur, the 'dino'	der Dinosaurier, der ‚Dino'
	to slough/shed one's skin	sich häuten

Birds	the migratory bird, bird of passage	der Zugvogel
	the songbird, warbler	der Singvogel
	the bird of prey; the talon	der Raubvogel; die Kralle
	water fowl/bird	der Wasservogel

blackbird *die Amsel* – chaffinch *der Buchfink* – crow *die Krähe* – dove *die Taube* – finch *der Fink* – heron *der Reiher* – jay *der Eichelhäher* – magpie *die Elster* – nightingale *die Nachtigall* – oriole *der Pirol* – owl *die Eule* – pigeon *die (Ringel)Taube* – puffin *der Papageientaucher / Lund* – raven *der Rabe* – robin (redbreast) *das Rotkehlchen* – rook *die Saatkrähe* – sparrow *der Sperling* – starling *der Star* – stork *der Storch* – swallow *die Schwalbe* – swift *der Mauersegler* – thrush *die Drossel* – tit *die Meise* – woodpecker *der Specht*

the beak; the feathers	der Schnabel; das Gefieder
to nest, to build a nest	nisten, ein Nest bauen

Major birds of prey are: buzzard *der Bussard* – eagle *der Adler* – falcon *der Falke* – hawk *der Habicht* – sparrow-hawk *der Sperber* – tawny eagle *der Raubadler* – osprey *Fischadler*

Farm Animals	farm animals	das Nutzvieh
	the bull, bullock	der Bulle, Jungbulle
	ox, steer[FF]	der Ochse, Jungochse
	the cow, heifer, calf	die Kuh, die Färse, das Kalb
	the sheep, lamb; the ram, the ewe; the wether	das Schaf, Lamm; der Widder, das Mutterschaf; der Hammel
	the goat, kid	die Ziege, das Zicklein
	the pig, piglet; the sow	das Schwein, das Ferkel; die Sau

Animal Husbandry	to graze; graze; common grazing	grasen; weiden lassen; Weideland
	to rear livestock	Vieh züchten
	mass husbandry; penned in	die Massenhaltung; eingepfercht
	animal meal	das Tiermehl

Wordwise: The English language is rich in its forms for animals in the collective. These include: a swarm of birds/bees – a colony of penguins – a herd of cattle – a shoal of fish – a gaggle of geese (on water) – a skein (*Kette, Schwarm*) of geese (in flight) – a pride of lions – a plague of locusts – a flock of sheep – a pack of wolves. Among the less common such forms are: 'a sloth of bears', 'a clowder of cats', 'a skulk of foxes', 'a murmuration of starlings', 'a gam of whales'. A group of recently-born baby animals is often called a 'litter' (*Wurf*). A herd of farm animals on the move is a 'drove'.

animal(ic), brutish, bestial	animalisch, tierisch, bestialisch

Larger Sea Creatures

see § 6

the whale	der Wal
the porpoise, the dolphin	der Tümmler, der Delphin
the shark; the man-eater	der Hai(fisch); der Fleischfresser
the tunny, tuna	der Thunfisch
the fin, dorsal fin	die Flosse [FF], die Rückenflosse
the gills; the scales	die Kiemen; die Schuppen

Marine Creatures

the seal, fur seal	der Seehund; die Bärenrobbe
the sea lion; the walrus	der Seelöwe; das Walross
the octopus; the tentacle	der Krake; der Tentakel
the squid	der zehnfüßige Tintenfisch
the sea urchin	der Seeigel
the shellfish [FF]; the crustacean	das Schalentier; das Krustentier
the plankton	das Plankton

Environmental Studies

environment(al) studies, ecology	Umweltwissenschaft, Ökologie
the ecological balance	das ökologische Gleichgewicht
environmental auditing, monitoring	die Umweltkontrolle
fossil fuels	fossile Brennstoffe
sustainability, sustainable development	die Nachhaltigkeit, nachhaltige Entwicklung
to exploit	ausbeuten
the pollutant	der Schadstoff
polluted, contaminated	verschmutzt, verseucht

Ways with Words: 'They came in their droves' *Sie kamen rudelweise/scharenweise* – 'a bean-pole' *langer, schlacksiger Mensch* – 'the evergreen' *Golden-Oldie-Schlager* – 'to prune a text' *einen Text zusammenstreichen* – 'We must cut out the dead wood in our administration' *Wir müssen unsere Verwaltung personell abspecken* – 'to scavenge for information' *überall nach Information suchen* – 'He trashed/rubbished my paper' *Er hat meine Arbeit verrissen* – to 'turf out' *hinauswerfen* – a 'bellwether (*Leithammel*) constituency' *Wahlkreis, dessen Ergebnis den Wahlausgang voraussagen läßt*

the ozone layer; the ozone hole	die Ozonschicht; das Ozonloch
ultraviolet radiation	UV- (ultraviolette) Strahlung
eutrophication	die Eutrophierung
desertification	die Verwüstung
the eco-catastrophe, ecocide	die Umweltkatastrophe, Ökozid

Major Pollutants	sulphur dioxide; carbon dioxide	Schwefeldioxid; Kohlendioxid
	CFCs; aerosols	FCKW; FCKW- Sprühdosen
	hazardous/toxic waste; asbestos	Sonder-/Giftmüll; der Asbest
	waste incineration	die Müllverbrennung
	untreated sewage, raw sewage	ungeklärtes Abwasser
	sewage sludge	der Klärschlamm
	exhaust fumes	Autoabgase
	nuclear radiation	nukleare Strahlung
The Waste Mentality	to squander, dissipate	verschwenden
	squandermania	die Verschwendungssucht
	overindulgence	der übermäßige Genuß
	prodigal, profligate, extravagant	verschwenderisch
	to exhaust, consume, expend, use up	erschöpfen
Dangers in Industry	global warming	weltweiter Temperaturanstieg
	the greenhouse effect	der Treibhauseffekt
	the coal-fired power station	das Kohlekraftwerk
	industrial emissions	Industrieabgase
	acid rain	der saure Regen
	smell nuisance	die Geruchsbelästigung
	the tanker shipwreck	die Tankerhavarie
	the oil spill; the oil slick FF	die Ölpest; der Ölteppich
Dangers in Nuclear Power	the nuclear power plant, N plant	das Atomkraftwerk
	fast-breeder reactor	der schnelle Brüter
	the nuclear reprocessing plant	die Wiederaufbereitungsanlage
	nuclear power/energy	die Kernenergie
	the dumping of nuclear waste at sea	die Verklappung von radioaktivem Müll im Meer
	the leak, the spillage	das Leck, Lecken, Auslaufen
	the nuclear accident; the meltdown	der Gau; die Kernschmelze
	the transport of nuclear waste	der Castor-Transport
	the dumping site	das Endlager
	high-level waste	hochgradiger Atommüll
	radioactive; the half-life	radioaktiv; die Halbwertszeit
	the risk remaining	das Restrisiko
Dangers in Agriculture	the endangered species	die bedrohte Tierart
	extant; extinct	(noch) vorhanden; ausgestorben
	over-grazing	die Überweidung
	artificial fertilizer; overfertilization	Kunstdünger; die Überdüngung
	pesticides, insecticides, fungicides	Unkraut-, Insekten-, Pilzbekämpfungsmittel
	the river loses its eco-balance	der Fluß kippt um
	the pollution of groundwater	die Grundwasserverseuchung
	food poisoning	die Lebensmittelvergiftung
	over-exploitation	der Raubbau

	to ignore fishing quotas	Fischereikontingente missachten
	to interrupt the food-chain	die Nahrungskette unterbrechen
	regulation of rivers	die Flussbegradigung
Dangers in Forestry	forestry [FF]	die Forstwirtschaft
	the clearing, felling; deforestation	das Abholzen; die Entwaldung
	the rain forests, tropical forests	die Regen-, Tropenwälder
	the dying of the forests	das Waldsterben
Counter-Measures	to conserve energy	Energie einsparen
	re-cycling, to re-cycle	die Wiederverwertung, wieder ~
	recycled paper	das Umweltschutzpapier
	bio-degradable	biologisch abbaubar
	waste/refuse separation	die Mülltrennung
	to deal with, dispose of	entsorgen
	the bottle bank	der Altglascontainer
	the returnable/non-returnable bottle	die Mehrweg-/Einwegflasche
	the sewage plant	die Kläranlage
	sewage cleansing	die Abwasserreinigung
	the catalytic convertor	der Katalysator
	unleaded petrol	bleifreies Benzin
	zero emission vehicle (ZEV)	schadstofffreies Auto
	the speed restriction	die Geschwindigkeitsbegrenzung
	solar energy/power, wind ~	die Sonnenenergie, Windenergie
	the phasing out of nuclear power/ nuclear energy	der graduelle Ausstieg aus der Kernenergie
	to monitor noxious discharges	giftige Emissionen kontrollieren
	'polluter pays'	das Verursacherprinzip
	environmentally friendly, eco~	umweltfreundlich
	to put up vociferous resistance	lautstarken Widerstand leisten
Animal-Related Diseases	mad cows' disease (BSE)	der Rinderwahnsinn (BSE)
	Creutzfeld-Jacob disease	die Kreutzfeld-Jakob K~
	swine fever	die Schweinepest
	foot-and-mouth disease	die Maul- und Klauenseuche

Your Words, Your World: The term 'environment' long meant *Umgebung* – as in 'Baireuth and its picturesque environment' (1832) – a sense now carried by 'surroundings' or 'environs'. The modern meaning of *Umwelt* is found from 1956, becoming common by 1967–68. In the same years one finds the first 'eco-actvists' 1969 and 'eco-freaks' 1970, trying to prevent 'eco-catastrophe' 1969 and 'ecocide' 1970. The idea of an 'ecosystem' is as old as 1935, but the phrases 'environmental pollution' and 'environmentalist' again date from 1967 and 1970. Among the more recent coinages are 'biodiversity' *Artenvielfalt* 1986 and 'garbology' *Entsorgungswissenschaft* 1988.

3 UNIT Human Relationships and Sexuality

Die Liebe geht darauf aus, aus Zweien Eins zu machen, die Freundschaft darauf, aus jedem Zwei zu machen. FR. SCHLEIERMACHER

The Body

the physique FF	der Körperbau
well-endowed; muscular	gut ausgestattet; muskulös
a hunk, a stud	ein muskulöser Kerl, ‚ganzer ~'
the rippling torso	der Waschbrettbauch
well-proportioned	gut gebaut/proportioniert
puny, weedy	schmächtig, ‚ein Hemd'
pot-bellied, a beer-belly	mit Bäuchlein, eine Bierplauze
curvaceous; leggy, long-legged	kurvenreich; langbeinig
bosomy; well-rounded; flat	vollbusig; üppig; flach
as flat as a plank	wie ein Bügelbrett

Stature

1. slender 2. skinny 3. emaciated	1. schlank 2. dürr 3. ausgemergelt
lanky, gangling	hoch aufgeschossen, schlaksig
strapping; not an ounce of fat	durchtrainiert; kein Gramm Fett
a six-footer	ein Zwei-Meter-Mensch
thickset, dumpy; stocky, squat	untersetzt; stämmig, vierschrötig
plump FF, chubby, podgy	mollig, vollschlank, pummelig
corpulence, embonpoint; corpulent	die Korpulenz; korpulent
1. stout 2. fat 3. obese	1. proper 2. dick 3. fettleibig
the overweight, overweight	das Übergewicht, übergewichtig
bow-legged; knock-kneed	o-beinig; x-beinig

Looks

1. pretty 2. good-looking 3. a beauty 4. a stunner, a head-turner, a traffic-stopper	1. hübsch 2. gut aussehend 3. eine Schönheit 4. eine Frau, nach der man sich umdreht
handsome	gut aussehend (bei Männern)

Tausend süße Nahmen, und Worte!
An Friedrich Hölderlin, Sept./Okt. 1799 SUSETTE GONTARD

heart-stopping, stunning	atemberaubend, überwältigend
unprepossessing, plain	unscheinbar, hausbacken
a plain Jane	ein graues Mäuschen
prominent ears; sticky-out/bat ears	abstehende Ohren; Segelohren
prominent teeth, horsey teeth	vorstehende Zähne, Pferdegebiss

	snub-nosed; a turned-up nose	stupsnasig; Himmelfahrtsnase
	short on looks	nicht gerade gut aussehend
	repellent, hideous	abstoßend, ekelhaft
Appearance	well-groomed, well turned out	gepflegt, gut angezogen
	spruce, dapper, 'swell'	geschniegelt und gebügelt
	dressed to kill, dolled up to the nines	aufgedonnert, aufgemotzt (Frau)
	tousled, ruffled	zerzaust
	unkempt, slovenly	ungepflegt, schlampig
	shabby, ragged	schäbig, zerlumpt
	down-at-heel; bedraggled	heruntergekommen; beschmutzt
	a scarecrow	eine Vogelscheuche
Friendship	friendship, comradeship	die Freundschaft, Kameradschaft
	fellowship, companionship	Verbundenheit
	firm, fast, staunch, undying	fest, treu, immerwährend
	a long-standing friendship	eine langjährige Freundschaft
	a bosom friend; a pal, buddy, mate	ein Busenfreund; ein Kumpel
	devoted [FF], inseparable	ergeben, unzertrennlich
	as thick as thieves	eine verschworene Gemeinschaft
	to hobnob with, hang out with	zusammen abhängen
	to befriend s.o. , strike up a f~ with	sich js annehmen, F~ schließen
	an acquaintance	ein(e) Bekannte(r)
Phases of Relationships	the first flirt; eyeing up	der erste Flirt; der Augenflirt
	the chatting-up, to chat up	die Anmache, anmachen
	heady excitement	der Rausch
	to court s.o., to date s.o.	jm den Hof machen, gehen mit ~
	to stand s.o.up	jn versetzen
	to dump a boy-friend/girl-friend	eine(n) Freund(in) fallen lassen
	to elope	durchbrennen
	a courting couple	ein Liebespaar, Turteltauben
	to be gentle, tender	sanft, zärtlich sein

Sprache sollte sein, wo Liebe ist, nirgends anders.
HUGO VON HOFMANNSTHAL

to propose to s.o.	jm einen Heiratsantrag machen
the wedding; the honeymoon	die Hochzeit; die Flitterwochen
faithfulness, unfaithfulness	die Treue, Untreue
the double standard	die Doppelmoral
adultery; extra-marital	der Ehebruch; außerehelich
the triangular relationship	die Dreiecksbeziehung

	to break up, bust up, part company	sich trennen, eigene Wege gehen
	to live apart; the separation	getrennt leben; die Trennung
	the divorce	die Scheidung
	to have all one's options open	freie Bahn haben
	a relationship on the rebound	eine Lückenbüßerbeziehung
Relationship Problems	the row, dust-up, slanging match	der Beziehungskrach
	the quarrel, spat; to quarrel, squabble	der Streit; sich streiten
	to nag [FF]; to bicker	keifen; zanken, ‚zoffen'
	to scream/yell at one another	einander anbrüllen/anschreien
	the estrangement	die Entfremdung
	the seven-year itch	das verflixte siebte Jahr
Human Sexuality	sexuality; sexually active	die Sexualität; sexuell aktiv
	the homosexual; the lesbian	der Homosexuelle; die Lesbe
	the heterosexual, the bi-sexual, bi	der/die Hetero-, Bisexuelle, Bi
	sexual intercourse	der Geschlechtsverkehr
	monogamous; promiscuous	monogam; promiskuös
	flirtatious; to flirt	kokett, flirtend; flirten
	to sleep around	mit vielen schlafen
	virginal; to lose one's virginity	jungfräulich; die J~keit verlieren
The Sexual Act	foreplay	das Vorspiel
	to kiss, to cuddle, to neck [FF]/pet	küssen, liebkosen, schmusen
	to stroke, caress	streicheln, liebkosen

You can stroke people with words. F. SCOTT FITZGERALD

	the arousal, excitement; the erection	die Erregung; die Erektion
	to undress, strip, get one's kit off	sich ausziehen, strippen
	to have an orgasm, to come	einen Orgasmus haben, kommen
	penetration	das Eindringen
	masturbation, autoeroticism	die Onanie, Masturbation

Sexuality in slang: the hetero *der Hetero* – the gay, the queen (offensive/old-fashioned: the queer, pansy, pouf, poofter, faggot) *der Schwule* – the dyke, lesbo, butchfemme, lez AmE *die Lesbe* – of the other persuasion *vom anderen Ufer* – straight *‚normal'* – the genderbender *der Transsexuelle* – the crossdresser *der Transvestit*

The Sexual Parts	the erogenous zones	die erogenen Zonen
	the genitals, privates	die Genitalien, Geschlechtsteile
	the crotch, crutch	der Schritt
	the mons veneris, mound of Venus	der Venusberg
	the vagina; the outer/inner lips	die Vagina, Scheide; die äußeren/inneren Schamlippen

	the maidenhead; to deflower	die Jungfernhaut; entjungfern
	the clitoris, the 'clit'	der Klitoris, der ‚Kitzler'
	the G-spot, G-point	der G-Punkt
	the pubic hair	die Schamhaare

artikel und bücher, die zum thema sexualität verfasst werden, ohne dass das problem sprache behandelt wird, taugen nichts. sie erhalten den gegenwärtigen zustand. Häutungen, VERENA STEFAN

Among the many slang expressions for the above are: *bumsen, ficken, vögeln* to ball, bonk, frig, fuck, nail, screw, shag; *Sex (haben)* nookie; *die Muschi, Möse* the cunt, pussy, twat; *Brüste* boobs, boobies, knockers; *die Titten* tits; *Hinterteil/-backen/Hintern* arse, bum, tush AmE/AuE; *der Schwanz, Pimmel, Schniedel* the cock, dick, plonger, prick, willy; *der Steife* the hard-on, the stiffy; *die Hoden* the balls, bollocks, cobblers, family jewels, nuts, rocks; *die männlichen Privatteile* the bread basket, the crown jewels, the lunchbox; *ejakulieren* to get one's rocks off; *wichsen* to wank, jack off, whack off, cream oneself; *geil* horny, randy; *Geilheit* the hots; *der Seitensprung* the fling, sth. on the side

	the breasts, nipples	die Brüste, Brustwarzen
	firm; droopy breasts	fest, prall; der Hängebusen
	the penis, the foreskin, the glans penis; (un)circumcised	der Penis, die Vorhaut, die Eichel; (un)beschnitten
	the testicles	die Hoden
Reproduction	reproduction	die Fortpflanzung
	sperm	der Samen, Sperma
	the womb	der Schoß; die Gebärmutter
	pregnancy FF, pregnant FF	die Schwangerschaft, schwanger
	artificial dissemination	die künstliche Befruchtung
	the gestation	die Gestation, Trächtigkeit
Birth	to give birth to a child	ein Kind gebären
	to be in labour	in den Wehen liegen
	the Caesarean section	der Kaiserschnitt
	the miscarriage; premature birth	die Fehlgeburt; die Frühgeburt
Contraception	the contraceptive	das Verhütungsmittel
	the condom	das Kondom
	the pill, to be on the pill	die Pille, die Pille nehmen
	the diaphragm; the coil	das Diaphragma; die Spirale
	temperature method	das Temperaturmessen
	coitus interruptus	der Koitus interruptus
	the abortion; to abort, have an ~	die Abtreibung; abtreiben
Sexual Practices	cunnilingus	Cunnilingus
	fellatio; to do a blow-job	die Fellatio; jdm einen blasen

	soixante-neuf, sixty-nine	soixante-neuf, neunundsechzig
	to try a new position	eine neue Stellung ausprobieren
	bondage, to tie up; handcuffs	das Fesseln, fesseln; Handschellen

Worte: Fesseln des Schweigens. HANS-HORST SKUPY

	leather and lacquer; fetishism	Lack und Leder; Fetischismus
	sado-masochism, SM	der Sadomasochismus, SM
	voyeurism, the voyeur/Peeping Tom	der Voyeurismus, der Voyeur
	incest, incestuous	der Inzest, inzestuös
Sexual Problems	inhibitions; inexperience	Hemmungen; fehlende Erfahrung
	premature ejaculation	die vorzeitige Ejakulation
	to come too soon	zu früh kommen
	to have erection problems	Erektionsprobleme haben
	frigidity	die Frigidität

Your Words, Your World: Some sexual vocabulary is very old: to 'sleep with' is found as early as 900, to 'fuck' in the early C 16th – the *OED* recording from 1535 the assertion 'Bischops may fuck their fill and be vnmaryit'. An interesting number of the key words, however, date from the very late Victorian or Edwardian era, or from the 'roaring twenties': a 'stud' (womanizer) is first recorded in 1895, to 'date' comes in 1902 and to 'doll up' in 1906. 'Soixante-neuf'as a term comes in 1888, 'the date' in the sense of the person dated in 1925 and to 'sleep around' in 1928.

4 UNIT Human Characteristics, Emotions and Psychology

Psychologie ist der Omnibus, der ein Luftschiff begleitet. KARL KRAUS, 1909

Character	the characteristic, quality	die (Charakter-)eigenschaft
	the (character) trait, feature	der Charakterzug
	the disposition	die Veranlagung
	the/one's nature	das/sein Naturell
	the mind-set, mentality	die Mentalität
	the redeeming feature, saving grace	der versöhnende Zug
	in character/out of character	(un)charakteristisch für ihn/sie
	the person *sui generis*	das Unikum, das Kapitel für sich
Character Oddities	the tic	der Tick
	the idiosyncrasy, idiosyncratic	die Eigenart, eigenartig
	the fad	der Spleen FF
	the crotchet, crotchety	die Marotte, marottenhaft
	the quirk, quirky/quirkish	die Eigenart, ‚eigen'
	the foible FF	die Schwäche, schwache Seite
	the caprice, the whim	die Laune
	the eccentric; the maverick, oddball	der Exzentriker; der Maverick
	the crank FF	der Kauz
	the character defect	der Knacks FF

Wordwise: He's the epitome of probity *Er ist der Inbegriff von Redlichkeit* – Modesty is her middle name *Sie ist die Bescheidenheit in Person* – He exudes confidence *Er strahlt Zuversicht aus* – She is a paragon of virtue *Sie ist ein Ausbund von Tugend* – He is the very model of meticulousness *Er ist ein Muster an Akkuratesse* FF

Confidence, Optimism	self-confidence	das Selbstvertrauen
	confidence (in the future)	die Zuversicht
	optimistic, sanguine, upbeat	optimistisch, zuversichtlich
	the incorrigible optimist	der unverbesserliche Optimist
	in high spirits, high-spirited	übermütig
	to look on the bright side	das Positive sehen
Pessimism	pessimism, pessimistic	der Pessimismus, pessimistisch
	the melancholy, the melancholic	die Melancholie, der ~iker
	melancholy, gloomy	melancholisch, trübsinnig
	peevish	verdrossen
	to look on the dark side	ein Schwarzseher sein
	phlegmatism, the phlegmatic	das Phlegma, der Phlegmatiker
	glum, down-in-the-mouth	verdrießlich
	downcast, despondent, disconsolate	niedergeschlagen
	desperate, in despair	verzweifelt

Worry

1. worried 2. anxious 3. vexed, apprehensive 4. tormented	1. besorgt 2. beunruhigt 3. bedrückt 4. gequält
1. concerned 2. agitated 3. distressed	1. besorgt 2. beunruhigt 3. bekümmert
the worry-guts	jemand, der sich ständig Sorgen macht
the misery-guts, the sourpuss, the moaning Minnie	der Griesgram, Sauertopf, Trauerkloß
care-worn	verhärmt, gramerfüllt

Nichts davon, quer durch die Worte kommen Reste von Licht. FRANZ KAFKA

the nagger, to nag	der Nörgler, nörgeln
the brooder	der Grübler, der Spintisierer SwD

Coolness

unflappable, unflappability	gelassen, die Gelassenheit
unrufflable, unperturbable	nicht aus der Fassung zu bringen
she is never disconcerted	sie ist nicht aus der ~ zu bringen

Courage, Boldness

courage, courageous, lion-hearted	der Mut, mutig, löwenherzig
resilient	unverwüstlich
resourceful, self-reliant	findig, wendig, einfallsreich
bold, intrepid	kühn
rash [FF], precipitate	vorschnell, unüberlegt
dare-devil, foolhardy, reckless	halsbrecherisch
happy-go-lucky, devil-may-care	leichtsinnig, verwegen
bravery, valour; brave [FF]	die Tapferkeit; tapfer
to have the courage of one's convictions	Zivilcourage haben; zu seinen Überzeugungen stehen

Lack of Courage

cowardice; cowardly, 'yellow'	die Feigheit; feige
timorousness, timorous	die Ängstlichkeit, ängstlich
faint-hearted, weak-kneed	kleinmütig, zaghaft
timidity, timid	die Schüchternheit, schüchtern
craven	feige-unterwürfig
the wimp, wimpish, spineless	(der Mensch) ohne Rückgrat

Self-Aggrandisement

self-aggrandisement	die Selbsterhöhung
the braggart/d, boaster	der/die Angeber(in)
to brag, boast	angeben
full of one's self, stuck-up	eingebildet
self-esteem	Selbstachtung, der Eigendünkel
1. arrogant 2. haughty 3. overweening	1. arrogant 2. hochnäsig 3. überheblich
conceit, conceited	die Einbildung, eingebildet
vain, vanity	eitel, die Eitelkeit
self-important	wichtigtuerisch
condescending, supercilious	herablassend, von oben herab

Self-Effacement	self-effacement, self-effacing	zurückhaltend, selbstnegierend
	shy, retiring	schüchtern, zurückhaltend
	bashful, coy FF, demure	verschämt, zurückhaltend
	to try to be inconspicuous	nicht auffallen wollen
	my humble self, little me	meine Wenigkeit
Treatment of Others	generous	großzügig, freigiebig
	considerate	zuvorkommend, rücksichtsvoll
	kindly, kindliness	gütig, die Güte
	benevolent	wohlwollend, gütig
	disrespectful, discourteous	respektlos, unhöflich
	uncharitable	hartherzig
	insolent, impudent	unverschämt, dreist
	malevolent, malicious	böswillig, übelwollend, maliziös
Self-Assertion	self-assertion, self-assertive	das Sichvordrängen, überheblich
	strong-willed, strong-minded	willensstark, hartnäckig
	to make one's way	seinen Weg gehen
	pushy	streberisch
	to be prepared to kill one's grandmother	über Leichen gehen, die eigene Großmutter verkaufen
	calculating	berechnend, gewinnsüchtig
	the busybody	der Wichtigtuer, „Gschaftlhuber"
Determination	resolved, resolute	entschlossen, resolut
	firm, steadfast	fest, standfest
	staunch, unbending	unentwegt, unbeugsam
	to hold one's ground	standhalten, nicht weichen
	to dig one's heels in	sich nicht abbringen lassen
Submissiveness	submissiveness, submissive	die Unterwürfigkeit, unterwürfig
	deference, deferent	die Ehrerbietung, ehrerbietig
	self-abasing, self-deprecating	selbsterniedrigend
	humility, humble/meek	die Demut, demütig, bescheiden
	the sycophant, lick-spittle, toad, toady; toadish	der Speichellecker, ‚Arschkriecher'; a~erisch
	servile, obsequious	devot, servil, kriecherisch
	the hanger-on	der Mitläufer; die Klette
Truth (to Oneself)	truthfulness, truthful	die Wahrhaftigkeit, wahrhaftig
	uprightness, upright	die Rechtschaffenheit, ~schaffen
	frankness, frank	die Offenheit, offen
	to be outspoken FF	sich sehr frei äußern
	the hypocrite, Tartuffe	der Heuchler, der Tartuffe
	hypocrisy, hypocritical	die Heuchlerei, heuchlerisch
	the charlatan, poseur	der Scharlatan, der ‚Schauspieler'

Mendacity	mendacity, mendacious the traitor, the Judas the double-dealer; two-faced the rascal the crook the scoundrel	die Lügenhaftigkeit, lügenhaft der Verräter, der Judas der Betrüger; janusköpfig der Schuft, der Schurke der Betrüger, Falschspieler das Schlitzohr
Drive	drive energy, energetic FF go-getting, can-do enterprising, proactive go-ahead, venturesome bustling, full of bustle	die Tatkraft, der Elan die Energie, voll Tatendrang dynamisch unternehmend, ~ungslustig rührig, progressiv, kühn rührig, geschäftig
Lack of Drive	the procrastinator, ditherer the lazybones, the laggard, the sloth the idler, the slouch the good-for-nothing, the ne'er-do-well the bum AmE, drifter, hobo AmE to bum around, moon around lethargic, supine the cadger; shirker the stay-at-home freedom from care, carefree nonchalant	der Aufschieber, Zauderer der Faulpelz der Müßiggänger der Taugenichts, der Nichts- nutz, der Tunichtgut der Stromer herumlungern lahmarschig der Schnorrer; Drückeberger der Stubenhocker die Sorglosigkeit, sorglos unbekümmert
Generosity to Self	intemperate, prodigal immoderate, wanton self-indulgence to wallow in	unmäßig, verschwenderisch maßlos, ausschweifend das Sichgehenlassen schwelgen in
Self-Negation	self-denial self-denying, selfless self-restraint abstinent, abstemious, moderate asceticism, the ascetic	die Entsagung selbstverleugnend, selbstlos die Selbstbeherrschung enthaltsam, mäßig die Askese, der/die Asket(in)
Human Gregarious-ness	the loner, lone wolf the good mixer sociable, gregarious; anti-social FF stand-offish to seek/shun company difficult, uncooperative abrasive recalcitrant	der Einzelgänger, einsamer Wolf der kontaktfreudige Mensch gesellig; ungesellig reserviert, unnahbar Gesellschaft suchen/meiden schwierig, nicht hilfsbereit barsch, unwirsch widerspenstig

Character Balance	stability, balance	die Ausgeglichenheit
	stable, balanced	ausgeglichen
	equable	gleichmütig, gelassen
	'When I cannot see words curling like rings of smoke around me I am in darkness.' Bernard, *in* The Waves, VIRGINIA WOOLF	
	modesty, modest	die Bescheidenheit, bescheiden
Lack of Balance	instability, unstable, off-balance	die Unausgeglichenheit, un~
	ill-tempered	schlecht-, übel-, missgelaunt
	mercurial	labil, launisch
	1. angry 2. in a temper 3. in a rage	1. zornig 2. gereizt 3. wütend
	the choleric person	der Choleriker
	choleric, irascible	jähzornig, cholerisch
Tolerance	kind-heartedness, kind-hearted	die Güte, gütig
	magnanimity, magnanimous	die Großmut, großmütig
	capacity for enthusiasm	die Begeisterungsfähigkeit
	enthusiastic, capable of ~	begeisterungsfähig
	noble-mindedness, noble-minded	der Edelmut, edelmütig
	tolerance, tolerant	die Toleranz, tolerant
	liberal	liberal
	patience	die Geduld, die Langmut
Authoritarianism	authoritarian	autoritär
	harsh, severe	streng, unnachgiebig
	opinionated	rechthaberisch
	domineering, overbearing	gebieterisch, bestimmend
	to browbeat, bludgeon, bully into	jn. zwingen zu
	despotic	despotisch
	the control freak	Person mit Kontrollzwang
Basic Human Emotions	love, hatred/hate	die Liebe, der Hass
	altruism, altruistic	der Altruismus, uneigennützig
	empathy	das Einfühlungsvermögen
	apathy, apathetic	die Apathie, apathisch
	indifference, indifferent	die Gleichgültigkeit, gleichgültig
	Der Haß vergrößert den Wortschatz, die Liebe erweitert die Sprache. ELAZAR BENYOËZ	
	attraction (to)	Neigung (für)
	aversion (to)	die Aversion, Abneigung (gegen)
	jealousy, jealous	die Eifersucht, eifersüchtig
	envy, envious	der Neid, neidisch
Interhuman Failings	to grudge, begrudge; grudging	missgönnen; widerwillig
	resentment, resentful	der Groll, rachsüchtig

	rancour, venom	der Groll, die Rachsucht
	spite, spiteful	die Gehässigkeit, gehässig
	to wreak revenge, take one's ~	sich rächen
	pitiless, merciless	unerbittlich, erbarmungslos
	the troublemaker	der Störenfried
	the killjoy, spoilsport	der Spaß-, Spielverderber
Happiness	joy; joyful, joyous	die Freude; froh
	1. happy 2. overjoyed 3. deliriously/ecstatically happy	1. glücklich 2. überglücklich 3. ekstatisch glücklich
	serene	heiter
	ecstasy, ecstatic	die Ekstase, ekstatisch
Sorrow	sadness, sorrow; sad, sorrowful	die Traurigkeit; traurig
	misery	das Elend
	agony	die Qual, Pein, Seelenangst
	nausea	der Ekel
	mourning, grief	die Trauer
Intellectual Qualities	the talent, gift(edness)	das Talent, die Begabung
	brilliance, genius FF	die Genialität FF
	the leading light, luminary	die Koryphäe
	the high-flyer	der/die Überflieger(in)
	the quick starter	der/die Senkrechtstarter(in)
	quick-witted	aufgeweckt, schlagfertig
	shrewdness, shrewd	der Scharfsinn, scharfsinnig
	alert, ready-witted	alert, schlagfertig
	independent-minded(ness)	die Selbständig(keit) im Urteil

A kluger farschtejt fun ejn wort zwej. (Ein Weiser hört ein Wort, versteht aber zwei.) JIDDISCHES SPRICHWORT

	intellectually alive, insightful FF	intellektuell rege, scharfsinnig
	a piercing intellect	ein durchdringender Geist/Kopf
	intellectual	geistreich, intellektuell
	brainy	mit Grips, ‚gripsig', gescheit
	ingenious	erfindsam, erfindungsreich
	broadminded	weitherzig
	with a wide range of interests	vielseitig interessiert
	mellow, mellowed, seasoned	gereift, gemildert, heiter
	level-headed; feet-on-the-ground	sachlich, vernünftig; bodenständig
	the free-thinker	der Freigeist, Freidenker
Lesser Intelligence	humdrum	alltäglich
	slow-witted, dullardly	begriffsstutzig, ‚schwer von KP'
	the slow-coach	der Lahmarsch, die Schlaftablette
	the scatterbrain	der Wirrkopf

	the smart aleck, smart ass	der Besserwisser
	the backwoodsman	der Hinterwäldler
	the stick-in-the-mud	der/die Verbohrte
	dull; obtuse	stumpfsinnig; begriffsstutzig
	petty-minded; narrow-minded	kleinkariert; engstirnig, borniert
	blinkered	engstirnig, ‚bescheuklappt'
	the dupe, the gull, gullible	der/die Betrogene, leichtgläubig
	foolish	töricht
	simple-minded/headed	simpel FF, einfältig
	the simpleton, dumbo	der Einfaltspinsel
	gaga	plemplem
	the moron, moronic	der Idiot, idiotisch
Differentiation	choosy, particular	wählerisch
	fastidious, demanding	diffizil FF, anspruchsvoll
	scrupulous FF	gewissenhaft, skrupelhaft
	finicky, pernickety	penibel, etepetete
	the nit-picker, hair-splitter	der Korinthenkacker
	judgemental, condemnatory	verurteilend
Lack of Differentiation	indiscriminate	wahllos, undifferenziert
	coarse, crude	grob, undurchdacht
	imprudent	unüberlegt
	blanket	pauschal
	the harum-scarum	der Luftikus, der Springinsfeld
Complexity	transparent	durchsichtig
	inscrutable, sphinx-like	undurchschaubar, unerforschlich
	enigmatic, perplexing, puzzling	enigmatisch, rätselhaft
Psychology	psychology, psychologist	die Psychologie, der Psychologe
	the psyche	die Seele, die Psyche
	psychological	psychisch FF
	the mind, intellect	die Ratio FF
	disturbed	gestört
	mental, mentally ill	psychisch FF krank, geisteskrank
	psychic FF	schwer gestört
General Terms	appetence	das Appentenzverhalten
	the delusion, fixed idea	die Wahnvorstellung
	the psychosis, the trauma	die Psychose, das Trauma
	the drive, urge	der Trieb
	the neurosis, compulsive neurosis	die Neurose, Zwangsneurose
	the complex, full of complexes	der Komplex, voller Komplexe
	the inhibition	die Hemmung
	the phobia	die Phobie

Wordwise: Some of the basic phobias and their objects are: agoraphobia (open places) – arachnophobia (spiders) – demophobia (crowds) – clinophobia (going to bed) – ecclesiophobia (churches) – eleutherophobia (freedom) – erotophobia (sex) – gephyrophobia (crossing bridges) – haemophobia (blood) – kenophobia (the void) – musophobia (mice) – mysophobia (dirt) – onomatophobia (names) – potophobia (drink) – thanatophobia (death) – thassalophobia (sea) – tredecaphobia (the number 13) – panphobia (everything)

the defence mechanism	der Abwehrmechanismus
the abreaction, to abreact	die Abreaktion, abreagieren
the inwardization, to inwardize	die Verinnerlichung, ~lichen
the denial, to deny	die Verleugnung, verleugnen
to compensate for sth.	etwas kompensieren
the overcompensation	die Überkompensation
the scapegoat, to scapegoat	der Sündenbock, zum S~ machen
the conditioned reflex	der bedingte Reflex
Pavlov's dog	der Pawlow'sche Hund
the primal scream	der Urschrei

Basic Psychological Problems

fear of heights (altophobia)	die Höhenangst
fear of exams	die Prüfungsangst
fear of (physical) contact	die Berührungsangst
bed-wetting, to wet one's bed	das Bettnässen, sein Bett nässen
the eating disorder; bulimia	die Essstörung; die Bulimie
obesity; anorexia	die Fettsucht; die Magersucht
narcissism, exhibitionism	der Narzissmus, Exhibitionismus
abnormal behaviour	auffälliges Verhalten

Severe Psychological Problems

schizophrenia	die Schizophrenie
catatonia	die Katatonie
megalomania, the megalomaniac	der Größenwahn, der G~sinnige
manic depression	die manische Depression
sense of omnipotence	der Allmachtswahn
schizophrenia, split personality	die Schizophrenie, gespaltene P~
paranoia, paranoiac	die Paranoia, paranoisch
the personality disorder	die Persönlichkeitsstörung

Freudian Terms

the Id; the ego	das Es; das Ich, das Ego
the superego	das Über-Ich
the subconscious	das Unterbewußtsein
the projection	die Projektion
to sublimate; to suppress	sublimieren; verdrängen
the interpretation of dreams	die Traumdeutung

	the Oedipus complex	der Ödipuskomplex
	penis envy	der Penisneid
Jungian Terms	the persona	die Persona
	the personal/collective unconscious	das persönliche/kollektive Un~
	the archetype	der Archetypus
	human, animal forebears	menschliche Urahnen, Tierahnen
	the invasion	die Invasion
	to intuit	intuieren
	the anima, animus	die Anima, der Animus
Adlerian Terms	individual psychology	die Individualpsychologie
	depth psychology	die Tiefenpsychologie
	the inferiority complex	der Minderwertigkeitskomplex
Other Schools	behaviourism	der Behaviorismus
	gestalt psychology	die Gestaltpsychologie
	anti-psychiatry	die Antipsychiatrie

Your Words, Your World: The idea of human 'character' goes back to at least 1502, but is substantially antedated by the notion of 'four humours', which (in England) date perhaps from Wyclif. 'Crotchet' 1573, 'caprice' 1667 and 'fad' 1834 are later refinements. 'Psychology' as the doctrine of soul is as old as 1653 and the 'subconscious' is found in 1832 in De Quincey. The 'ego' and the 'Id', however, emerge from earlier meanings only in 1894 and 1924 respectively, with 'experimental psychology' and 'social psychology' entering the language in 1895 and 1908. Among the intriguing word histories in this field are 'charlatan' and 'moaning Minnie'. The former meant first a 'Cheap Jack' *billiger Jakob* 1605 and then a 'quack' *Quacksalber* 1680 before taking the meaning 'pretender' in 1809. The latter was a German trench mortar of World War I, becoming a 'bellyacher' *Grießgram, Meckerer* only in 1962.

5 UNIT Life-Span and Medicine

Nicht wahr, das ist Gram / Winter sein, eh der Sommer kam / eh der Lenz sich ausgejauchzt hat.
ELSE LASKER-SCHÜLER

The Ages of Man/ Woman

babyhood, infancy;	das Säuglingsalter;
the suckling	der Säugling
not yet weaned	noch nicht der Mutter entwöhnt
the tot, toddler, kid, kiddo, kiddy	das Kleinkind, der ,Taps'
the whippersnapper, ScE nipper	der Dreikäsehoch
boyhood, girlhood	das Knabenalter, Mädchen~
the young scamp	der Lausbub
the snotnose	die Rotznase

Wordwise: While 'youth' is *die Jugend* in general, 'the youth' is *der Jugendliche* (always male) and even 'a youngster' tends to be male also. A 'juvenile' has a negative touch, notably in the phrase 'juvenile delinquent' *jugendlicher Straftäter.* The adjective 'juvenile', however, has the sense of 'too young for one's age': 'Don't be so juvenile.'

puberty, to be in puberty	die Pubertät, in der ~ sein
pubescent, in puberty	pubertierend
adolescence	die Adoleszenz, das Jugendalter
the teens FF	die Jahre zwischen 13 und 19
the teeny-bopper, weeny-bopper	der/die jüngere Teenager(in)

Bleib den Wörtern deiner Kindheit treu; jedes andere Wort wäre falsch.
PETER HANDKE

a twenty-something	ein Twen
the senior citizen, pensioner, OAP	der/die Senior(in), Rentner(in)
old age, advanced years	das hohe, fortgeschrittene Alter
the elderly; a green old age	die Alten; rüstiges hohes Alter
senility, senile;	die Senilität, senil;
debility, debile	Debilität, debil

Coming of Age, Ageing

immature, callow, unfledged	unreif, noch nicht flügge
maturation	der Reifungsprozess
to come of age, reach one's maturity	mündig/volljährig werden
adulthood	das Erwachsensein
full-blown, in full bloom	vollentwickelt, ganz aufgeblüht
marriageable, nubile	heiratsfähig, mannbar
to be in one's thirties	in den Dreißigern sein
middle age, middle-aged	das mittlere Alter, m~n Alters
the midlife crisis; the menopause	die Midlife-Krise; Menopause

to be in one's prime, in the prime of life; past one's prime	in den besten Jahren sein; auf dem absteigenden Ast ~
to gain a new lease of life	wie neu geboren sein
to be past it, have one's best years behind one, be over the hill	das Beste hinter sich haben
to be in one's dotage	kindisch-senil sein
the octogenarian, nonagenarian	der/die Achtzig-, Neunzigjährige
the declining years, autumn of life	der Lebensabend
the centurion	der/die Hundertjährige

In der Sprache klingen die Signale nach, wie in der Wohnung des gerade Verstorbenen das Telefon noch hin und wieder läutet. Doch der (in der Sprache) Angerufene ist nicht mehr da. BOTHO STRAUSS

longevity	die Langlebigkeit
the first lines	die ersten Falten
wrinkles, furrows; a creased/gnarled/wizened face	die Hautfalten; ein zerfurchtes Gesicht
decrepit; doddery, tottering	altersschwach, hinfällig; tatterig
to decline, wane, fade, waste away	nachlassen, dahinsiechen

The key organs of the body are: the larynx *der Kehlkopf* – the vocal chord *das Stimmband* – the oesophagus *die Speiseröhre* – the trachea, windpipe *die Luftröhre* – the lungs; a lung *die Lunge; der Lungenflügel* – the diaphragm *das Zwerchfell* – the liver *die Leber* – the kidney *die Niere* – the spleen FF *die Milz* – the gland *die Drüse* – the pituitary gland *die Hirnanhangsdrüse* – the salivary glands *die Mundspeicheldrüse* – the gall bladder *die Gallenblase* – the intestines, the guts *die Eingeweide* – the appendix *der Blinddarm* – the stomach *der Magen* + *der Bauch* – the pancreas *die Bauchspeicheldrüse*

Key Bones

the backbone, spine	das Rückgrat
the spinal column, spinal cord	die Wirbelsäule, das Rückenmark
the collar bone	das Schlüsselbein
the breastbone, sternum; the rib	das Brustbein; die Rippe
the funny-bone, AmE crazy bone	der Musikantenknochen
the kneecap; the shin	die Kniescheibe; das Schienbein
the skull	der Schädel

The Nerves

the nerve	der Nerv
the ganglion (pl. ganglia)	das Ganglion (pl. die Ganglien)
the spinal nerve	der Spinalnerv
the sciatic nerve	der Hüftnerv
to have good nerves, to have bad nerves/be nervy FF	ein stabiles, schwaches Nervenkostüm haben

	it gets on my nerves	es nervt FF mich
	highly strung	zartbesaitet
	nerves like steel	Nerven wie Stahl
Menstruation	the period	die Periode, die Regel
	I've got my period	Ich habe meine Tage
	PMT (Pre-Menstrual Tension)	Menstruationsbeschwerden
	the sanitary towel; the tampon	die Damenbinde; der Tampon
Health, Ill Health	conducive to health	gesundheitsfördernd
	a health hazard	eine Gefahr für die Gesundheit
	to strengthen the immune system	das Immunsystem stärken

Wordwise: Among the many phrases denoting healthiness are: hale and hearty – sound in wind and limb – sound of mind and body – fighting fit – chipper AmE – full of pep – fit and fine – in fine whack – in fine fettle – to have a clean bill of health – in the pink.
Among the phrases denoting lack of health are: under the weather – out of sorts – queasy – off-colour – faint – in a bad way – on the sick list – less than a hundred per cent.

Degrees of Complaint	the indisposition	die Unpässlichkeit
	the complaint, ailment, malady	die Beschwerde
	the illness	die Krankheit
	the (infectious) disease	die ansteckende Krankheit
	the epidemic, pandemic	die Epidemie, die Pandemie
Types of Disease	contagious	höchst ansteckend
	congenital, hereditary	angeboren; erblich, Erb-
	malignant, benevolent	böse, gutartig
	intestinal, rhenal, respiratory	des Verdauungstrakts, der Niere, der Atemwege
	chronic; fatal FF	chronisch; tödlich
	He has terminal cancer	Er hat Krebs im Endstadium
	to be terminally ill	unheilbar krank sein
Common Mishaps	the bruise	der blaue Fleck
	the cut, scratch	die Schnittwunde, der Kratzer
	the scab, to form a scab	der Wundschorf, W~ bilden
	the wound, nasty wound	die Wunde, schwere/arge Wunde
	the laceration	die Platzwunde
	to fester	eitern, schwären

A broken bone can heal, but the wound a word opens can fester forever.
JESSAMYN WEST

	the scar, to scar over/to heal	die Narbe, vernarben
	a sprain, to sprain one's ankle	die Verstauchung, sich den Knöchel verstauchen

	a torn muscle	ein gezerrter Muskel
	a fainting fit, (arch.) a swoon	ein Ohnmachtsanfall
First Aid	to administer first aid	erste Hilfe leisten/geben
	to treat at the scene (of the accident)	an der Unfallstelle versorgen
	to treat for shock	gegen Schock behandeln
	to resuscitate; heart massage	wiederbeleben; die Herzmassage
	to give 'mouth-to-mouth'/ mouth-to-mouth resuscitation to s.o.	jn Mund-zu-Mund beatmen
	to treat for hypothermia	gegen Unterkühlung behandeln
Common Complaints	the common cold; to catch a cold	die Erkältung; sich erkälten
	to have the sniffles	einen Schnupfen haben
	My eyes are watering	Meine Augen tränen
	My nose is running	Mir läuft die Nase
	to have a sore throat	Halsschmerzen haben
	the 'flu (influenza), gastric 'flu	die Grippe, Magen-Darm-Grippe
	an inflammation	eine Entzündung
	I've got migraine	Ich habe Migräne
	He's got diarrhoea/ 'the runs'	Er hat Durchfall/,Dünnpfiff'
	a stomach upset, an upset stomach	eine Magenverstimmung
	to have the hiccoughs/hiccups	(einen) Schluckauf haben
	I feel as if I want to be sick	Mir ist übel
The Effects of Stress	wind	Sodbrennen
	high/increased blood pressure	hoher/erhöhter Blutdruck
	heart palpitations	Herzrasen
	stomach/mouth ulcers	Magen-/Mundgeschwüre
	sleeplessness	die Schlaflosigkeit
Sleep	to feel sleepy, drowsy, dozy	schläfrig, schlaftrunken sein
	sleep, slumber, repose	Schlaf, Schlummer, Bettruhe
	to fall asleep, to doze off, drop off	einschlafen FF, einnicken
	to sleep in FF	ausschlafen, bis in die Puppen schlafen
	deep slumber, to slumber	der Tiefschlaf, schlummern
	undisturbed, unbroken, sound sleep	ungestörter Schlaf

Wordwise: Among the many idioms for sleep are: *im Land der Träume sein* to be 'in the land of Nod', 'in the arms of Morpheus', 'in slumberland'; *ein Nickerchen machen* to take 'a spot of sleep', 'a nap', 'a catnap', 'a snooze', 'forty winks'; *sich schlafen legen* to go to 'the land of Nod', to 'beddy-byes' [child's language]; *sich aufs Ohr hauen* to 'turn in', 'kip down', 'hit the hay', 'hit the sack', 'crash'.

	racked by nightmares	von Alpträumen geplagt
	sleep therapy, the siesta	die Schlaftherapie, die Siesta

Allergies	the allergy, allergic to	die Allergie, allergisch gegen
	the allergy-sufferer	der/die Allergiker(in)
	the dust/honey allergy	die Hausstaub-/Honigallergie
	the allergic rash, allergic reaction to	der Ausschlag, die allergische Reaktion gegen
Deficiency Diseases	anaemia, anaemic	die Blutarmut, blutarm
	dermatitis	die Hautentzündung
	malnutrition; goiter	die Unterernährung; der Kropf
	protein deficiency	der Proteinmangel
	rickets; scurvy	die Rachitis; der Skorbut
	iron/calcium deficiency	der Eisen-, Kalziummangel
Disorders	colour blindness, colour blind	die Farbenblindheit, farbenblind
	short-sighted/myopic; long-sighted	kurz-, langsichtig
	dyslexia, the dyslexic person	die Legasthenie, der L~iker
	albinism, the albino	der Albinismus, der Albino
	haemophilia, the haemophiliac	der/die Bluter(in)
	multiple sclerosis	die multiple Sklerose
	Down's syndrome	Downsyndrom, Trisomie 21
Age Takes its Course	hardening of the arteries	die Arterienverkalkung
	circulatory problems	Kreislaufprobleme
	the circulatory collapse	der Kreislaufkollaps
	varicose veins	Krampfadern
	stiffening of the joints	die Versteifung der Gelenke
	to walk with a stick	am Stock gehen
	short breath, poor wind	die Atemknappheit, Atemnot

Words form the thread on which we string our experiences.
The Olive Tree, ALDOUS HUXLEY

	hard of hearing	schwerhörig
Major Killers	a seizure	der plötzliche Anfall
	a stroke; a heart-attack	der Schlaganfall; der Herzinfarkt
	cancer	der Krebs
Sporting Accidents	the torn Achilles tendon	die gerissene Achillessehne
	to wrench a muscle	einen Muskel zerren
	the strain	die Zerrung
	the torn ligament	der Bänderriss
	the strain, overdistension	die Überdehnung
	concussion	die Gehirnerschütterung
	to be accident-prone	unfallanfällig sein
	tennis elbow	der Tennisarm
Pain	aches and pains	Wehwehchen

Weigh Your Words: English is rich in words denoting pain. From a taut muscle one feels a 'twinge' or 'tweak' *Zwicken*, from a stiff neck a 'crick', from running a 'stich' *Seitenstechen*, from over-exertion 'cramp' *Krämpfe*. A graze (*Abschürfung*) 'smarts' or 'stings' *brennt*, a slap 'tingles' *prickelt* or 'burns', a bad tooth 'throbs' *klopft* or 'aches'. Pain can cause 'discomfort' *Unbehagen*, 'distress' *Qual*, or 'misery' *Elend*. A pain can be 'stabbing' *stechend*, 'agonising' *heftig*, 'gnawing' *nagend*, 'excruciating' *unerträglich* or 'harrowing' *schauderhaft*. Emotionally, one feels a 'wrench' at leaving a loved one, a 'twinge' of regret (*Bedauern*), a 'pang' of remorse (*Reue*).

It hurts like hell	Es tut tierisch/höllisch weh
a pain-killer	ein schmerzstillendes Mittel

Weigh Your Words: 'Painful' refers habitually to a physical wound, 'hurtful' to a psychological. Thus one speaks of a 'hurtful remark' *verletzende Bemerkung*. Nevertheless, one is 'hurt' *verletzt* in an accident and 'wounded' *verwundet* only in battle.

Aspects of Illness

the symptoms, the causes	die Symptome, die Ursachen
the anamnesis, prior history	die Anamnese, Vorgeschichte
the cure, remedy; to cure, remedy	das Heilmittel, heilen
the recuperation, convalescence	die Erholung, Rekonvaleszenz
the rehabilitation clinic	die Reha-Klinik
to be on the mend	auf dem Wege der Besserung sein
to be immune to	immun sein gegen
the panacea; the placebo	das Allheilmittel; das Placebo

Basic Types of Treatment

the lotion	die Lotion
the ointment, salve	die Salbe
the gargling lotion	die Gurgellösung
the oral spray; the tincture	der Mundspray; die Tinktur
the medicine, to be taken	die Medizin, zum Einnehmen
the tablet (*arch.* tabloid), the capsule	die Tablette, die Kapsel

Types of Bandage

a plaster, band-aid	ein Pflaster
waterproof/-repellent, anti-allergic	wasserabweisend, anti-allergisch
the sterile bandage	die sterile Wundauflage
the elastic bandage support	die elastische Binde
the spray-on plaster/bandage	das Sprühpflaster
cotton wool	die Watte, der Wattetupfer
to have one's arm in a sling	eine Armbinde, -schlinge tragen
to have one's leg in plaster	ein Gipsbein haben

Doctors

the GP (General Practitioner)	der allgemeinpraktizierende Arzt
the family doctor	der/die Hausarzt, -ärztin

	the gynaecologist	der Frauenarzt, -ärztin
	the specialist	der Facharzt, -ärztin
	the doctor responsible	der/die zuständige Arzt, Ärztin
	the surgeon, neuro-surgeon	der Chirurg, Neurochirurg

Ways with Words: Among the several idioms derived from this field are: 'the fly in the ointment' *die Fliege in der Suppe* – 'just a hiccup' *nur eine kleine Panne* – 'constituency clinic' *Sprechstunde eines Abgeordneten* – 'to rib' *'aufziehen', hänseln* – 'bag/bundle of nerves' *Nervenbündel* – 'to have the nerve (to do sth.)' *den Mut/die Frechheit besitzen* – 'tabloid' *Boulevardzeitung* – 'When Wall Street sneezes, the world economy catches a cold' *Wenn die Wall Street hustet, dann bekommt die Weltwirtschaft einen Schnupfen* – 'to be given a clean bill of health' *für einwandfrei erklärt werden*

	This calls for surgery	Das erfordert einen Eingriff
	the physiotherapist, 'physio'	der Physiotherapeut
	the quack	der Quacksalber
	good bedside manner	gute Art, mit Kranken umzugehen
Natural Approaches	naturopathy	die Naturheilkunde
	the nature-cure practitioner	der/die Naturheilpraktiker(in)
	acupuncture	die Akupunktur
Donors	to donate blood; the blood donor	Blut spenden, der Blutspender
	the blood group	die Blutgruppe
	to donate an organ	ein Organ spenden
	the heart transplant	die Herztransplantation
	to perform a transplant	eine T~ durchführen
The Surgery	the surgery, AmE doctor's office	die Arztpraxis; die Sprechstunde
	to attend a doctor's surgery, AmE a doctor's office hours	zu einem Arzt in die Sprechstunde gehen
	the examination, thorough check-up	die Untersuchung, Durch~
	the blood/urine sample	die Blut-, Urinprobe
	the prescription	das (Arzt)rezept
	a doctor's certificate	ein ärztliches Attest
The Doctor's Equipment	the stethoscope	das Stethoskop
	the syringe, the needle	die Spritze, die Kanüle
	the ampoule	die Ampulle
	the vaccination, inoculation	die Impfung
In Hospital	the ward	die Station FF
	the outpatients' dept, casualty	die Ambulanz
	the emergency (ward)	die Notaufnahme
	the stretcher; the wheelchair	die Krankentrage; der Rollstuhl
	the doctor's trolley	die Fahrtrage
	the forearm/underarm crutch	die Gehkrücke, Achselkrücke

	the artificial limb; the walking frame	die Prothese; das Gehgestell
	the X-ray	die Röntgenaufnahme
Basic Surgery	the anaesthetic, local ~	das Anästhetikum, örtliche Betäubung; der Anästhesist
	the anaesthetist	
	the scalpel	das Skalpell
	the blood transfusion	die Bluttransfusion

Wordwise: Note that *operiert werden* is 'to be operated on'. *Sich einer O~ unterziehen* is 'to undergo an operation'. The *O~ssaal* is the 'operating theatre', the *O~stisch* the 'operating table'. *Ein chirurgischer Eingriff* is 'surgical treatment'. *Unters Messer kommen* is to 'come under the surgeon's knife'. *Nähen* is to 'stitch (up)'.

	to be on a drip	am Tropf hängen
Modern Methods	keyhole surgery	die Schlüssellochchirurgie
	the ultrasonic scan	die Ultraschalluntersuchung
	the E. C. G. (electrocardiogram)	das EKG
	dialysis	die Dialyse
	plastic surgery	die plastische Chirurgie

Du lebst nur so lange, als du etwas mitzuteilen hast, als noch etwas Unmitgeteiltes in dir ist. LUDWIG FEUERBACH

	to be in intensive care	auf der Intensivstation sein
Describing Disease	the incubation period	die Inkubationszeit, -phase
	the carrier	der Überträger, Träger
	a mild/acute bout	ein milder/akuter Anfall
	to catch/contract a disease/illness	eine Krankheit bekommen
	the onset of illness	der Ausbruch der Krankheit
	to be rampant, rife	um sich greifen, grassieren
	It cut them down in their thousands	Es hat sie zu T~ dahingerafft

A word is dead/ When it is said,/ Some say./ I say it just/ Begins to live/ That day. EMILY DICKINSON

	brain death, brain dead	der Hirntod, hirntot

Your Words, Your World: Although modern notions of 'childhood' are said to date from the Romantic Age, 'cildhad' is found in the *Lindisfarne Gospels* of c. 950 and 'puberty' in Wyclif in 1382. The 'snotnose' enters the language, however, only in 1941 (and is found in Miller's *Death of a Salesman* eight years later), together with the 'teen-ager' [sic] 1941, followed by the 'heart-throb' *Schatz, Schwarm* 1943 and the 'senior citizen' AmE 1938, BrE 1969. On the medical side, an early 'siryng' is recorded around 1425, and 'inoculation' (for smallpox) as early as in 1714. The first 'intensive-care unit', however, crops up only in 1963, the first human 'heart transplant' in 1967, the first 'laser beam' in eye surgery in 1970 and the first 'keyhole surgery' in 1990.

UNIT 6 Food, Drink, *Cuisine* and Domestic Science

One cannot think well, love well, sleep well, if one has not dined well. VIRGINIA WOOLF, 1928

Basic Cooking	to steam	dämpfen, dampfgaren; dünsten
	to grill	grillen
	to fry; to deep-fry	braten, andünsten; fritieren
	to stir-fry	beim Umrühren kurz anbraten
	to braise; to sauté	schmoren; sautieren
	to poach	pochieren
	to cook *au gratin*	gratinieren [FF], überbacken
	to purée, to mash	pürieren, stampfen
	to sieve, pass through a sieve	sieben, passieren
	to whip, beat	schlagen
	to cook to a turn, cook until done	gar kochen
	to season; to taste, pre-taste	würzen; abschmecken
Pots and Pans	the pan, omelette ~, frying ~	die Pfanne, Omelette~, Brat~
	the non-stick pan	die beschichtete Pfanne
	the egg poacher	der Eipochierer
	the saucepan, saucepan lid	der Topf, der Deckel
	the vegetable steamer; the wok	der Gemüsedünster; der Wok
	the deep fryer	die Friteuse
	the pressure saucepan/cooker	der Dampfkochtopf
Cooking Implements	the whisk	der Quirl, der Schneebesen
	the wooden spoon, the ladle	der Holzlöffel, der Schöpflöffel
	the draining spoon	der Abseihlöffel
	the potato masher	der Kartoffelstampfer
	the spatula; the lifter	der Pfannenwender; der Heber
	the egg timer	die Eieruhr
	the mixer; hand blender	der Mixer; der Stabmixer
	the waffle iron	das Waffeleisen
	sandwich-toaster	der Sandwichtoaster
	the (automatic filter) coffee maker	die Kaffeemaschine
	the lemon squeezer	die Zitrus-, Zitronenpresse
	the pepper mill/grinder	die Pfeffermühle
	the mixing bowl	die Rührschüssel
	the measuring jug/cup	der Messkrug, -becher
	the sieve, strainer; the colander	das Sieb; der Durchschlag
	the rolling pin	das Nudelholz
	the grater	die Reibe
The Oven and Stove	the air-circulation oven	der Umluftherd
	the hot plate	die Kochplatte

	the oven	das Backrohr, der Backofen
	the oven rack	der Rost
	with self-cleaning function	mit Selbstreinigungsfunktion
	the extractor hood	die Dunstabzugshaube
	the (warming) drawer	der Geschirrwagen
	the baking tray	das Backblech
	the microwave (oven)	die/der Mikrowelle(nherd)
	the cake tin, bread tin	die Kuchenform, Kastenform
	the removable-bottom(ed) tin	die Springform
Essential Ingredients	cooking oil, olive oil, sunflower oil, walnut oil	das Speise-, Oliven-, Sonnenblumenöl, Walnussöl
	herbs; spices FF	Kräuter; Gewürze

parsley *die Petersilie* – sage *der/die Salbei* – rosemary *der Rosmarin* – thyme *der Thymian* – basil *das Basilikum* – dill *der Dill* – marjoram *der Majoran* – savory *das Bohnenkraut* – oregano *der Oregano* – chervil *der Kerbel* – chive *der Schnittlauch* – borage *der Bor(r)etsch* – lovage *der Liebstöckel* – coriander *der Koriander* – mint *die Minze*

Advanced Vegetables	mange-tout	Mange-tout, Zuckererbsen
	runner beans	Stagenbohnen, SwD. Läufli
	the sweed; the parsnip	die Steckrübe; die Pastinake
	the turnip	die Rübe, inbes. weiße Rübe
	Brussel sprouts, 'Brussels', sprouts	der Rosenkohl
	cauliflower	der Blumenkohl
	broccoli	Brokkoli
	spinach; mangold/Swiss chard	der Spinat; der Mangold
	curly cale	der Grünkohl
	Chinese cabbage	der Chinakohl
	kohlrabi; fennel	der Kohlrabi; der Fenchel

Der Mensch allein besitzt wahre Sprachorgane mit den Werkzeugen des Geschmacks und der Speise, also das edelste mit den Zeichen der niedrigsten Notdurft zusammengeordnet. Womit er Speise für den niedrigen Leib verarbeitet, verarbeitet er auch in Worten die Nahrung der Gedanken. Ideen, J. G. HERDER

	the courgette, zucchini, AmE squash	Zucchini
	pumpkin; marrow	der Kürbis; der Eier-, Markkürbis
	the egg plant, aubergine	die Aubergine
	leek	der Porree, der Lauch
	asparagus; the artichoke	der Spargel; die Artischocke
	the corn on the cob	der Maiskolben
In the Salad Bowl	the lettuce, the iceberg salad	der Kopfsalat, Eisbergsalat
	the 'oak-leaf' lettuce, cos lettuce	der Eichblatt-, Romagnasalat
	endive	die Endivie

	corn salad; rucola	der Feldsalat; Rucola, Runkel
	the sweet pepper	die Paprikaschote
	the spring onion	die junge Zwiebel, Frühlings~
	the cucumber; the gherkin FF	die Salatgurke FF; die Essiggurke
	the radishes	die Radieschen
	celery	der/die Stangensellerie
	the salad dressing	die Salatsauce, -soße
	the vinaigrette	die Vinaigrette
	mayonnaise	die Mayonnaise

I always wanted to write a book that ended with the word 'mayonnaise'.
In Watermelon Sugar, RICHARD BRAUTIGAN

	the croutons	die Croutons
	the salad servers	das Salatbesteck
Preparing Vegetables	to dice	würfeln
	to slice	in Scheiben schneiden
	to cut into short sticks	stifteln, in Stifte schneiden
	to peel; to grate FF	schälen; raspeln, reiben
Essential Vegetarian *Cuisine*	soja, bean sprouts	Soja, Sojasprossen
	tofu	der Tofu
	the lentil	die Linse
	buckwheat; dry unripe spelt grain	Buchweizen; Grünkern
	bamboo shoots	die Bambussprossen
for fruit,	the chick pea; hummous	die Kichererbse; der Humus
see § 2	the avocado	die Avocado
	the nut cutlet, nut croquette	das Nußkotelett, die Nußkrokette
	crudités; a dip	die Crudités; ein Dip
	pasta	Teigwaren, Pasta
	without any additives whatsoever	ohne jeglichen Zusatz
Cheeses	the hard cheese, soft cheese	der Hartkäse, Weichkäse
	the blue cheese	der Blaukäse
	cottage cheese	der Hüttenkäse
	goat, sheep's milk cheese	der Ziegen-, Schafskäse
	the rind	die Käserinde
	processed cheese	der Streichkäse
In the Tureen	the soup, the consommé	die Suppe, die klare Suppe
	the broth ScE	die Suppe, die starke Brühe
	the stew, hotpot NoE	das Eintopfgericht
	the soup tureen; the stock pot	die Suppenterrine; der S~topf
Basic Meats	the lamb chop	das Lammkotelett
	the loin of pork	die Schweinelende
	honey roast ham joint	der Honigschinken

	the turkey roast, roast turkey cold meat; meat loaf	der Truthahnbraten der Aufschnitt; falscher Hase
Advanced Meats	poultry, game the duck, the goose the grouse, the quail the rabbit, the hare jugged hare Parma ham the shoulder/ saddle / breast the crackling (on the pork joint)	Geflügel, Wild die Flugente, die Gans das Moorhuhn, die Wachtel das Kaninchen, der Hase Hasenpfeffer der Parmaschinken Schulter / Rücken / Brust die knusprige Kruste (des Schweinebratens)
Steaks	rare, medium, à point rump steak, tornedos the herbal butter	blutig, medium, durch(gebraten) das Rumpsteak, Tornedos die Kräuterbutter
In the Pan	the pancake, crêpe the omelette the galette, tortilla	der Pfannkuchen, der Crêpe das Omelett, SwD die Omelette die Galette, die Tortilla
Basic British Fish	plaice haddock cod, smoked cod the kipper whiting mackerel saithe, coal-fish cockles, mussels jellied eels	die Scholle der Schellfisch FF der Kabeljau, der geräucherte ~ der Räucherhering der Merlan die Makrele der Köhler (Herz)muscheln Aal in Aspik, in Gelee

Whence and Why: Sea-fishing in Britain is said to pre-date the origins of farming, the essential fish in waters around the islands being those listed above. The fishing industry flourished from the Industrial Revolution through to the disastrous over-fishing of the 1960s and 1970s. 'Fish and chips', one of the earliest forms of 'fast food', is a late Victorian invention first recorded in 1876; it habitually uses the first three types of fish above. The first chips in English literature, 'husky chips of potato, fried with some reluctant drops of oil' occur in Dickens's historical novel *A Tale of Two Cities* (1859), but are eaten in France. ('Potato crisps' *Kartoffelchips* FF are a later innovation, first recorded in 1929.)

Advanced Fish	freshwater fish graved salmon shellfish FF the lobster; the spiny ~, crawfish	der Süßwasserfisch der graved-Lachs die Meeresfrüchte der Hummer; die Languste

Wordwise: Note also: Dover sole *die Seezunge* – butt, flounder *der Butt* – turbot *der Steinbutt* – pike-perch *der Zander* – cod *der Dorsch* – the trout *die Forelle* – halibut *der Heilbutt* – roach *das Rotauge* – perch *der Barsch*

smoked	geräuchert
to cure	einsalzen, -pökeln, räuchern

Laying the Table

to lay/set the table	den Tisch decken
the table-cloth, serviette	das Tischtuch, die Serviette
the cutlery, crockery	das Besteck, das Geschirr
the wine-glasses; tumblers	die Weingläser; Wassergläser
the wine-cooler, wine bucket	der Weinkühler, der Eiskübel
the water jug; the carafe, decanter	der Wasserkrug; die Karaffe
the cruet	der Gewürzständer

Wordwise: The full English breakfast consists of: bacon *kross ausgelassenes Dörrfleisch*, fried/scrambled egg *Spiegelei/Rührei*, fried bread *gebratene Brotscheibe*, baked beans *Bohnen in Tomatensoße*, pork/beef sausage *Wurst aus Rind oder Schweinefleisch*, grilled mushrooms and tomatoes *gegrillte Champignons und Tomaten*. A 'full house' is a plate of cooked breakfast containing all the above. Toast and marmalade *geröstetes Toastbrot mit bitterer Orangenmarmelade* and tea complete the meal. A 'Scottish breakfast' is, if anything, even more opulent.

The Aftermath

to do the washing up	den Abwasch machen
a huge pile of dishes	ein Riesenstapel Geschirr
the dish mop; BrE tea-towel, AmE dish towel	die Geschirrbürste; das G~tuch
to clear away	aufräumen
to empty the bin	den (Müll)Eimer leeren

The Lazy Way Out

to have a pizza delivered	eine Pizza bringen lassen
a take-away	ein Gericht zum Mitnehmen
to shove a pre-cooked meal into the oven	ein Fertiggericht in den Ofen schieben
the tin-opener	der Büchsen-, Dosenöffner

Domestic Science

domestic science	Haushaltswissenschaft
food/nutritional science	Ernährungswissenschaft
the nutrient; nutritional value	der Nährstoff; der Nährwert
the roughage	die Ballaststoffe
high in fibre, low in fat	ballaststoffreich, fettarm
the calorie	die Kalorie
the recipe	das Kochrezept FF
the ingredients	die Zutaten, die Ingredienzen
the menu FF	die Speisekarte
to put together a menu FF	eine ~ zusammenstellen
the set meal, meal of the day	das Menü FF

Healthy Eating	wholefood	Vollwertkost
	organic foods; organically grown	Biokost; aus ökologischem Anbau
	with no additives, additive-free	frei von chemischen Zusätzen
	with no preservatives	ohne Konservierungsstoffe
	the nature food store	der Bio-Laden
	the healthfood, ~ store	die Reformkost, das Reformhaus
	free-range eggs	Eier von freilaufenden Hühnern
Diets	the staple FF food	das/die Hauptnahrungsmittel
	to be on a diet, to follow a diet	auf Diät sein
	the diet	die Diät; die Abmagerungskur
	suitable for diabetics	für Diabetiker geeignet
	polyunsaturated fats	mehrfach ungesättigte Fettsäuren
	vegetarian, ovo-lacto; vegan	vegetarisch; ovolacto; vegan
	the vegetarian, the vegan	der Vegetarier, der Veganer
Wines	the hock	weißer Rheinwein
	the Moselle	der Moselwein
	red, white, rosé/blush, sparkling	rot, weiß, rosé, perlend
	the bouquet	das Bukett
	dry, semi-dry, sweet	trocken, halbtrocken, lieblich
	very drinkable; with a rich bouquet	süffig; vollblumig
	to adulterate/adulterated	panschen/gepanscht
	the wine waiter corkscrew	das Kellnerbesteck
Eating	to dine; to wine and dine s.o.	tafeln; jn vorzüglich bewirten
	to follow/adhere to table etiquette	nach Knigge essen
	to pick at one's food	in seinem Essen herumstochern
	a real binge, a blow-out	ein Gelage; Sauferei, ‚Bierreise'
	to wolf down, to shovel down	herunterschlingen, -schaufeln
	to suffer indigestion; to burp	an Sodbrennen leiden; rülpsen
	her eyes are bigger than her stomach	ihre Augen sind größer als ihr Magen

Your Words, Your World: The now 'traditional' British eating patterns are by no means as old as one might think. The term 'brekfast' or ' brekefast' is present by 1463 or 1491, but the 'English breakfast' is an invention of the late Industrial Revolution years, first recorded in 1807. The light 'sandwich' lunch is of similar origin. A 'tea-time' is found in Richardson's *Pamela* (1741) and in Cleland's *Memoirs of a Lady of Pleasure* (1749), being later institutionalized in the mid-Victorian years among middle and upper class women. A 'high tea' is first recorded in 1831, while 'elevenses' and the now extinct 'fourses' emerge in print around 1895. More surprisingly perhaps, even 'brunch' is Victorian, first surfacing in 1896.

7

UNIT House, Home, Buildings and Architecture

In der neueun Wohnung, sie paßt mir noch nicht, wie ein neuer Anzug.
LUDWIG WITTGENSTEIN, 1930

Houses in the Country	the cottage	die Hütte
	the hovel, shanty	elende Hütte, Baracke
	the homestead, farmstead	das Gehöft
	the farmhouse	das Bauernhaus, Gutshaus
	the blockhouse AmE	die Blockhütte
	the cabin, log cabin	das Häuschen, die Holzhütte
	the hideaway, hide-out	der Unterschlupf, das Versteck
	the country nest, country retreat	das Landhäuschen
	the chalet	die Sennhütte, das kl. Landhaus
	the manor, manor-house	das Lehnsgut, das Herrenhaus
	the country seat	der Landsitz, das Lustschloss
	the stately home	Adelssitz auf dem Lande
Houses in the Town	the house, detached house	das Einfamilienhaus
	the semi-detached house, the 'semi'	die Doppelhaushälfte
	ready-to-inhabit	schlüsselfertig

Whence and Why: The 'semi', a space-saving, cost-reducing form of housing, stems from early C 18th model villages and was first used in London at Southwark and St John's Wood in 1785 –1794. So dominant has it now become that the vast middle-class housing areas at the periphery of many British towns are justly called 'semi-land'.

	the maisonnette, town-house	das kleine Eigenheim
	the mansion	die herrschaftliche Villa
	the terrace, terraced house	die Reihenhäuser, das R~haus
	the bungalow	der Bungalow

Whence and Why: The first 'bungalow' (from the *bangla* of Bengal) was built in Birchington, Kent, as a country retreat in 1869. After WWI, a sober version sprang up on the outskirts of many towns.

	the royal palace	die fürstliche Residenz
Flats	the flat, apartment	die Wohnung
	the loft	die Maisonette-Wohnung FF
	the penthouse	die Penthouse-Wohnung
	the high-rise block, tower block	der Wohnblock
	the tenement house	die Mietskaserne
	the pre-fabricated block of flats	der Plattenbau, die ‚Platte'

The Roof	the tiled roof, slate ~, shingle ~, thatched ~,	das Ziegel-, Schiefer-, Schindel-, Stroh-, Reetdach
	the pitched roof, hip ~, flat ~	das Sattel-, Walm-, Flachdach
	the roof-top	der Dachfirst
	the gable; the dormer window	der Giebel; die Gaube/Gaupe
	the skylight	das Dachfenster
	the eaves; the gutter	der Dachvorsprung; die D~rinne
	the weather vane	die Wetterfahne
The Exterior	the shutter	der Fensterladen
	the oriel; the bay window	der Erker; das Erkerfenster
	the french/French windows/doors	die Glastür (außen), Verandatür
	the balcony, loggia	der Balkon, die Loggia
	the drainpipe	das Regenrohr
The Garden	the arbour, the bower	die Laube, Garten~
	the garden shed, the hut FF	der Gartenschuppen
	the greenhouse, hothouse	das Treib-, Gewächshaus
Parts of the House	the porch, AmE the stoop	der überdachte Hauseingang
	the hallway, the vestibule	der Hausflur, die Diele
	the landing	der Flur (im ersten Stock)
	the wing; the annexe	der Flügel, der Trakt; der Anbau
	the cubby-hole	der Huk, die Abstellkammer

Among the countless rooms still encountered in older houses and in literature are: the parlour *die gute Stube* – the morning room *das Damenzimmer* – the reception room *das Empfangszimmer* – the salon *der Salon, das Gesellschaftszimmer* – the lounge *das Wohnzimmer* – the recreation room *der Aufenthaltsraum* – the sun lounge *die Glasveranda* – the scullery *die Abwaschküche* – the laundry *das Waschhaus, die Waschküche* – the pantry, larder *die Speisekammer* – the closet/ closet of ease *die Toilette* – the cloakroom *die Garderobe,* BrE *Toilette* – the lumber room *die Rumpelkammer*

for gardens, see § 2	the conservatory	der Wintergarten
	the patio	der Freisitz, die Terrasse
	the back garden, front ~	der Garten, Vorgarten
	the garage; the car-port	die Garage; der Wagenunterstand
Storeys	the basement	das Souterrain, der Soussol SwD
	the cellar	der Keller

As far as I'm concerned, the most beautiful word in the English language is 'cellar-door'. DOROTHY PARKER

	the mezzanine	das Halbgeschoss
	the attic, attic room, garret	die Mansarde

	the loft, the attic	der Dachboden, das D~geschoss
The Interior	the stairway, stairwell	das Treppenhaus
	the banisters	das Treppengeländer
	the parquet floor	der Parkettboden
	linoleum, 'lino'; laminated flooring	das Linoleum; das Laminat
	the sliding door	die Schiebetür
	the central heating, underfloor ~	die Zentralheizung, Fußboden~
	en suite facilities	mit eigenem Bad/WC
The Kitchen	the fitted kitchen	die Einbauküche
	the sink	die Spüle
	the dish-washer	die Spülmaschine
	the refrigerator, 'fridge, 'frig'	der Kühlschrank, Eisschrank
see	the freezer	die Gefriertruhe, Tiefkühltruhe
§ 6	the oven, the oven shelf/grid/grill	der Backofen, der Rost
	the self-cleaning oven	der Ofen mit Pyrolyse
Home	a room of one's own	ein eigenes Zimmer
	my (humble) abode	mein (bescheidenes) Zuhause
	the dwelling place *(arch.)*	der Wohnsitz
	the hearth	der Kamin
	at the fireside, the open fire	am Kamin, das offene Feuer
	house and home	Haus und Hof
	homelike; homely	heimisch, gemütlich; anheimelnd

Wordwise: Among the many idioms of 'home' are: 'to keep the home fires burning' *die Stellung halten* – 'to play away from home' *eine außereheliche Affäre haben* – 'Make yourself at home' *Mach es dir bequem* – 'Marbach is my second home' *M~ ist mir zur zweiten Heimat geworden* – 'Home, James!' *Nach Hause, James!* – 'to be home and dry (AuE 'home and hosed')' *etwas unter Dach und Fach haben* – 'last home' *letzte Ruhestätte* – 'to waltz home/romp home' *locker gewinnen* – 'My shoes/socks etc. have gone home' *Meine Schuhe/Socken usw. sind in die Binsen gegangen* – 'It was nothing to write home about' *Es war nichts Besonderes/Aufsehenerregendes*

	cosiness, cosy	die Behaglichkeit, behaglich
	to keep house	den Haushalt führen
	to keep open house	offenes Haus/offene Tür halten
	house-proud	übertrieben penibel (Hausfrau)
House-Hunting	house-hunting	die Wohnungssuche
	the estate agent	der Immobilienmakler
	to arrange a viewing	eine Hausbesichtigung organisieren
	to haggle over the price/rent	um den Preis/die Miete feilschen
	to make an offer	ein Angebot unterbreiten

	to be gazumped	überboten werden
	the house-warming party	die Einweihungsparty
The Castle	the castle, the citadel	die Burg, die Zitadelle
	the stronghold, keep, donjon	der Bergfried
	the bailey, the inner ward	der Burghof, die Burgfreiheit
	the corner tower; turret	der Eckturm; das Türmchen
	the dungeon	das Verlies, der Kerker
	the moat; the lists	der Wassergraben; der Zwinger
	the moated castle	die Wasserburg
	the drawbridge; the portcullis	die Zugbrücke; das Fallgatter
	the guard-house, gate house	die Wache
	the barbican	das Außenwerk, Vorwerk
	the arrow-slit, loophole	die Schießscharte
	the casemate; the curtain wall	Kasematte; äußere Wehrmauer
	the ramparts	der Festungswall, die Brustwehr
	battlements, crenellation	der Zinnenkranz, die Zinnen
	the parapet	die Brustwehr, der Wall
	the bastion, the bulwark	die Bastion, das Bollwerk

Whence and Why: The characteristic early Norman castle was built on motte-and-bailey lines: on an – often artificial – mound (motte) *Erdwall, Erdhügel* stood a wall-enclosed space (bailey). Remains can be found all over England. Later Norman castles (esp. in Wales and Ireland) and Tudor castles are elaborations on this theme. Two of London's landmarks, the 'Old Bailey' (criminal law court) and the 'Barbican' (arts/residential centre) derive their names from the old fortifications.

Furnishings	furnishings	die Einrichtung, das Mobiliar
	the curtain, AmE drape; lace curtain	der Vorhang; der Store [FF]
	the blind, Venetian blind	die Jalousie, Stabjalousie
	the throw, the drape BrE	der Überwurf, der Granfoulard
Key Furniture	the armchair, easy chair	der Sessel
	the rocking chair	der Schaukelstuhl, -sessel
	the settee, the sofa; the pouf	das Sofa, Kanapee[FF]; der Schemel
	the living room suite	die Polstergruppe
	the chaise-longue, the ottoman	die Ottomane, das Liegesofa
	the sofa-bed	das Schlafsofa
	the four-poster bed	das Himmelbett
	the desk; the secretaire, bureau	der Schreibtisch; der Sekretär
	the standing desk, high desk	das Stehpult
	the chest; the cabinet	die Truhe; das/der Vertiko
	the chest of drawers; the side-table	die Kommode; der Beistelltisch

Ways with Words: Among the numerous idioms derived from this field are: 'Back to the drawing board!' *Wir müssen neue Pläne entwer-*

fen! – 'to eavesdrop' *heimlich lauschen, horchen* – 'to put up the shutters' *das Geschäft schließen, den Laden dicht machen* – 'to eat s.o. out of house and home' *jm die Haare vom Kopf fressen* – 'the last bastion' *die letzte Bastion* – 'drainpipe trousers' *die Röhrenhose* – 'to take s.o. out of the gutter' *jn aus der Gosse auflesen* – 'gutter language' *vulgäre/ordinäre Ausdrucksweise* – 'to find a loophole' *ein Hintertürchen/einen Ausweg ausfindig machen* – 'to enter the lists' *in die Schranken treten* – 'without any frills' *ungeschmückt*

the fitted cupboard	der Einbauschrank
designer furniture	Designer-Möbel
the standard lamp; table lamp	die Stehlampe; Tischlampe
the lamp shade	der Lampenschirm

Carpets

the carpet, the fitted carpet	der Teppich, Teppichboden
the rug; deep-pile	die Brücke; dick
the Persian carpet	der Perserteppich

Key materials/fabrics[FF] *Stoffe* are: the brocade *der Brokat* – cotton *die Baumwolle* – damask *der Damast* – felt *der Filz* – lace *die Spitze* – linen *das Leinen* – silk *die Seide* – tulle *der Tüll* – velvet *der Samt* — synthetic fibres *Synthetikstoffe* – the frill/ tassle *die Rüsche/die Quaste*

plush; plush(y)	der Plüsch; plüschig

Arranging a Room

to arrange a room	ein Zimmer einrichten
a room-divider; the paravent	ein Raumteiler; der Paravent
cluttered, chock-a-block	vollgepfropft, ‚gerammelt voll'
spacious; airy	geräumig; luftig
harmonious, matching colours	harmonische, passende Farben
loud, garish colours	penetrante, grelle Farben
to place a cupboard diagonally	einen Schrank anschrägen

Style, Taste

stylish, elegant	apart [FF], elegant
exquisite	vorzüglich, exquisit, erlesen
demure; sober	gesetzt; nüchtern
twee; camp	bieder; überkonventionell
bourgeois, philistine	spießig
trendy, ultrafashionable, en vogue	trendy, ultramodern
avantgarde, avantgardistic	avantgardistisch

Architecture

architecture, the architect	die Architektur, der Architekt
to design, the design	entwerfen, der Entwurf
the drawing board	das Reißbrett
the drafting machine	die Zeichenmaschine
a scale model	ein maßstabgetreues Modell

Why/ Must we build higher Babels/ The less there is to be said?
PATRIC DICKINSON

the elevation; the site plan	die Ansicht; der Lageplan
the design contest	der Architekturwettbewerb
the building site	die Baustelle

Weigh Your Words: The major British architectural periods and their major architects are: 1066–1200 Norman/Romanesque; C 13th Early English; C 14th Decorated; C 15th Perpendicular; 1485–1560 Tudor; 1560–1603 Elizabethan; 1610–1670 Palladian (Inigo Jones, Wren); eC 18th Queen Anne; eC 19th Regency (Nash); 1837–1901 Victorian (Scott, Waterhouse); 1870–1914 Imperial (Luytens); lC 19th Art Nouveau (Mackintosh); eC 20th Edwardian; 1920–1939 Modern/International Style (Fry); 1945–1979 post-war (Spence, Gibson); 1979–today post-modern (Stirling, Foster, Rogers)

Key Elements of Architecture

the dome FF	das Kuppeldach
the rotunda	die Rotunde
the façade/facade; the portico	die Fassade; das Portal
the spiral staircase	die Wendeltreppe
the window setting, fenestration	die Fensterführung
the roughcast, plaster; the stucco	der Verputz, der Gips; der Stuck
the ornamentation	die Ornamentik
half-timbered, a ~ house	aus Fachwerk, ein F~haus

Key architectural styles: Doric *dorisch* – Ionic *ionisch* – Corinthian *korinthisch* – Roman *römisch* – Romanesque *romanisch* – Norman *normannisch* – early, late Gothic *früh-, spätgotisch* – perpendicular, decorated style *engl. Spätgotik* – Renaissance *Renaissance-* – Tudor *Tudor* – Palladian *palladianisch* – neo-classical *neo-klassisch* – ante-bellum *Vorkriegs-* (vor dem amerikanischen Bürgerkrieg) – neo-Gothic *neugotisch* – *art nouveau Jugendstil* – Chicago school *die Chicagoer Schule* – bauhaus *Bauhaus* – art deco *Art Deco* – international style/De Stijl *internationaler Stil* – postmodern *postmodern*

Your Words, Your World: 'Die Engländer sind ein häusliches Volk.' Heinrich Heine's remark of 1827 is borne out by a host of linguistic evidence. The renowned saying 'A man's house is his castle' dates back to at least 1581, 'Home is home though it be never so homely' to 1670. 'East or west, home's best' is Victorian, from 1856. The development of the English house and the changing social forms of privacy can be traced through the emergence of the various rooms: there is a 'Bedchaumbre' in Langland, 1362, and a 'withdrawing-roem' is found in 1591, but the first use of 'smoking room' is in 1689, followed by 'breakfast room' 1732, 'sitting room' 1771, 'butler's pantry' 1816, 'living room' 1825, 'ladies' room' 1880, 'ironing room' 1894, 'powder closet' 1905 and 'television room' 1971. The first indoor toilet – 'closet of ease' – is recorded in 1662, but a (royal) 'privy' dates from 1375.

8 UNIT Village, Town, City and Urbanology

In the city, time becomes visible. LEWIS MUMFORD, 1961

Locations	to nestle in a hollow	sich in eine Mulde schmiegen
	to straddle a river	beidseits eines Flusses liegen
	to surmount a hilltop	auf einem Berg stehen
	the nodal point	der (Verkehrs)Knotenpunkt
	in the middle of nowhere	mitten im Nirgendwo
	out in the sticks, out-of-the-way	in der hintersten Provinz, ‚jwd'
	at the back of beyond	am ‚Arsch der Welt'
The Village	the village, the hamlet	das Dorf, der Weiler
	the villager	der/die Dorfbewohner(in)
	the village green, the common	die Gemeindewiese
	the village school	die Dorf-, Zwergschule
	the smithy; the bakehouse	die Schmiede; das Backhaus
	the inn, alehouse, tavern, pub	das Wirtshaus, die Kneipe

Whence and Why: The 'street village' *das Straßendorf* is drawn-out along a road: there are 'one-row' or 'two-row' street villages, depending on whether both sides of the street are built up. The 'bunched (or agglomerated) village' *das Haufendorf* is a huddle of houses. The 'radial village' is organised *sternförmig* around a central point. The 'hill-top pond village' is constructed on a hill-top, into which a pond has been sunk. Later, the 'busy village' *das frühindustrielle Dorf* and the 'mining village' *das Zechendorf* come to the fore. Older words for 'village' were 'ham', 'thorp' and 'wick', all of which are often still found as suffixes to village/town names.

the alms[FF] houses	gestiftete Häuser für Bedürftige
the work house, poor house	das Armenhaus
the local [FF]	das Stammlokal
the local(s)	der/die Einheimische(n)

Ich will meine Dörfer / ohne Worte lassen / und nur den Schnee / durchschwingen / und offen gegen die Zäune. ILSE AICHINGER

The Town	the small town	die Kleinstadt
	the town-dweller, townie, townite	der/die Stadtbewohner(in)
	the Gothamite	der Schildbürger
	the shopping centre	das Einkaufszentrum
	the outskirts	die Peripherie, die Vorstädte
	the stockbroker belt	der ‚Pfeffersackgürtel'
Streets	the avenue	die Allee [FF]
	the crescent	die halbmondförmige Straße

the circus [FF]	runder, hausbesäumter Platz
the cul-de-sac, dead-end	die Sackgasse

The City

the city [FF], the metropolitan area	die Großstadt, das G~gebiet
the conurbation; megalopolis	das Ballungsgebiet; Megalopolis
the 'slurb'	slumartig wuchernde Vororte
to sprawl, sprawling	sich ausbreiten, sich ~d

market town, country town *die Marktstadt* – county town/shiretown *die Provinzhauptstadt* – industrial town *die Industriestadt* – boom town *die Boomstadt* – ghost town *die Geisterstadt* – dormitory town *die Schlafstadt* – garden city *die Gartenstadt* – university town *die Universitätsstadt* – cathedral city *die Domstadt* – the capital *die Hauptstadt, Kapitale* – the seat of government *der Regierungssitz* – the spa *der Kurort* – the twin town *die Partnerstadt* – the one-gas-station town *nichts als eine Tankstelle* – the hick town, rube town AmE *das verschlafene Provinznestchen, der Krähwinkel, das Kaff* – the shanty town, hutment town, *bidonville*, SaE the township *die Barackenstadt* – Gotham *Schilda, Seldwyla*

Town/ City Areas

the inner-city area, the inner city	die Innenstadt
the core town/city, core	der Stadtkern
the city centre, AmE downtown	die City [FF]
the main shopping street	die Einkaufsmeile
the pedestrian precinct	die Fußgängerzone
the business district	das Geschäftsviertel
China Town, Little Italy etc.	Chinatown, Kleinitalien usw.
the red-light district	das Rotlichtviertel
skid row AmE	billiges Vergnügungsviertel
the slum area; the ghetto	das Slumgebiet; das Ghetto
the block [FF] AmE	das Straßenquadrat
the residential area; housing estate	das Wohnviertel; die ~siedlung
the suburb, suburban; suburbia	der Vorort, vorstädtisch; die V~e

Language is a city to the building of which every human being brought a stone. R. W. EMERSON

the leafy suburbs	die begrünten Vororte
the industrial park, industrial estate	der Industriepark

Public Buildings

the town hall [FF], city chambers	das Rathaus [FF]
the municipal hall	die Stadthalle [FF]
the fire-station, the police station	die Feuerwache, das Polizeirevier
the registry office; the tax office	das Standesamt, das Finanzamt

Commercial Buildings

the corner shop	der Tante-Emma-Laden
the mall, shopping mall	die Einkaufspassage
the megastore, hypermarket	der Megastore, der Großmarkt
the concourse [FF]	die überdachte Fußgängerzone

	the warehouse FF, storehouse the granary; the silo	das Lager FF, Lagerhaus der Speicher; der (Getreide-)Silo
Leisure Buildings	the multiplex cinema the swimming baths, acquatic centre the disco(thèque) the amusement arcade	das Multiplex-Kino das Stadtbad, das Erlebnisbad die Disko(thek) die Spielhalle

Whence and Why: Given that England long led the world in urbanization, it is worth noting when key building types first appeared there. (Dates given are dates of opening, not of first use of word. An asterisk [*] denotes a building which is the first of its type in the world.)
937 hospital *das Spital, Krankenhaus* – 1128 guildhall *das Innungshaus* – 1283 roofed market *die Markthalle* – 1384 theatre *das Theater* – 1568 exchange, 'change *die Geschäftsbörse* – 1655 public library *die öffentliche Bücherei/Bibliothek* – 1683 museum* *das Museum* – 1702 factory* *die Fabrik* FF – 1709 barracks *die Kaserne* – 1802 stock exchange *die Börse* – 1817 shopping arcade FF *die Einkaufspassage, -galerie* – 1828 restaurant *das Restaurant* – 1830 railway station*/terminus* *der (Kopf)bahnhof* – 1839 railway hotel* *das Eisenbahnhotel* – 1850 exhibition building *die Ausstellungs-/Messehalle* – 1863 underground station* *die U-Bahn-Station* – 1877 department store *das Warenhaus* FF – 1878 telephone exchange* *das Fernsprechamt* – 1882 power station* *das Kraftwerk* – 1901 cinema *das Kino* – 1928 international airport* *der internationale Flughafen*

High-Rise Buildings	the skyscraper the office block the telecommunications/TV tower the chimney stack	der Wolkenkratzer das Bürohochhaus der Fernsehturm der (hohe) Schornstein, Schlot
The Town in the Past	the burgh; the burgess(es) the elders the town charter city rights by charter	die Stadt; Bürger mit Wahlrecht die Stadtältesten die Stadtcharta die verbrieften Stadtrechte

Wordwise: Key Towns with Differing Spellings E—G
Aix-la-Chapelle *Aachen* – Algiers *Algier* – Antwerp *Antwerpen* – Athens *Athen* – Bâle/Basle *Basel* – Belgrade *Belgrad* – Berne *Bern* – Cairo *Kairo* – Calcutta *Kalkutta* – Cologne *Köln* – Copenhagen *Kopenhagen* – Constance *Konstanz* – Constantinople *Konstantinopel* – Dunkirk *Dünkirchen* – Edinburgh *Edinburg* – Flushing *Vlissingen* – Geneva *Genf* – Genoa *Genua* – Ghent *Gent* – the Hague *den Haag* – Hanover *Hannover* – Lisbon *Lissabon* – Lyons *Lyon* – Milan *Mailand* – Moscow *Moskau* – Munich *München* – Naples *Neapel* – Nice *Nizza* – Nuremberg *Nürnberg* – Prague *Prag* – Rome *Rom* – Singapore *Singapur* – Venice *Venedig* – Vienna *Wien* – Warsaw *Warschau* – Zurich *Zürich*

the town wall; the watch-tower	die Stadtmauer; der Wachturm

	the fortifications; the city gate	die Festungsanlagen; das Stadttor
	the burgraves' house	das Burgmannenhaus
	the patrician house	das Bürger-, Patrizierhaus
Urbanisation	urbanisation	die Verstädterung, Urbanisierung
	the drift to the town(s)/country	die Landflucht/Stadtflucht
	urban [FF]; urbane	städtisch; urban[FF]

Ways with Words: Among the several idioms derived from this field are: to slum it *primitiv wohnen, hausen* – granary loaf *das Schrotbrot* – a dead-end job *ein Job ohne Aufstiegsmöglichkeiten* – She did a demolition job on my paper *Sie hat meine Arbeit niedergemacht* – to go to town *auf die Pauke hauen*

	urban-rural continuum	das Stadt-Land-Kontinuum
	the commuter, to commute	der/die Pendler(in), pendeln
City Development	urban renewal	die Stadterneuerung
	to demolish [FF], pull down, bulldoze	abreißen, schleifen
	to call in the demolition squad	nach der Abrissbirne rufen
	the Haussmannization	die Haussmannisierung
	the ghettoization	die Ghettoisierung
Town Planning	urban studies, urbanology	Bauwesen, Städtebau
	well-spaced building development	die weitläufige Bebauung
	the green belt	der Grüngürtel
	the park, green	die Parkanlage, Grünfläche
	the townscape	das Stadtbild
Qualities of Life	intimate, manageable	überschaubar, übersichtlich
	The place is dead-and-alive	Da liegt der Hund begraben
	a god-forsaken hole	ein Krähwinkel, ein Kaff
	the sameness, monotony	die Einförmigkeit, Monotonie
	vibrant, pulsating	Leben versprühend, pulsierend
	impersonal, anonymous	unpersönlich, anonym
	the concrete jungle, asphalt jungle	der Betondschungel, Asphalt~

Your Words, Your World: In 1851, Britain became the first Western country with a higher urban than rural population. The words 'towny' 1827, 'townschildren' 1837 and 'townsfellows' 1850 testify to the pervading influence of the urban environment; 'townified folks' are found as early as 1777. The first 'slums' having been spotted in the 1820s, both 'town planning' and 'slum clearance' are desiderata by the 1900s. While 'new towns' are first mooted in 1918, however, 'urban sprawl' is identified in 1958, soon followed by 'new town blues' in 1962. No wonder the first 'urbanologists' are required by 1967.

UNIT 9 Human Society and Sociology

Zeitgenössische Soziologie: am sechsten Tag vormittags schuf Gott die Gesellschaft; nachmittags, als er schon müde war, den Menschen nach ihrem Bilde. Argumente und Rezepte, LUDWIG MARCUSE, 1967

Society	community	die Gemeinschaft
	society, mass society	die Gesellschaft, die Massen~
	social, societal	gesellschaftlich
	the open/closed society	die offene/geschlossene G~
	pluralistic	pluralistisch
	socially determined man	der vergesellschaftete Mensch
	one-dimensional man	der eindimensionale Mensch
	de-personalization	die Entpersonalisierung
	reification	die Verdinglichung
	isolation	die Vereinzelung
	to achieve one's own aims/dreams	die eigne Vorstellung umsetzen
Types of Society	oligarchy, the oligarch	die Oligarchie, der Oligarch
	plutocracy, the plutocrat	die Plutokratie, der Plutokrat
	democracy, the democrat	die Demokratie, der Demokrat
	ochlocracy	die Pöbelherrschaft
	the rat race	die Ellbogengesellschaft
	the meritocracy	die Leistungsgesellschaft
	the matriarchy, patriarchy	das Matriarchat, Patriarchat
	the matriarch, patriarch	die Matriarchin, der Patriarch
	monogamy, polygamy	Monogamie, Vielweiberschaft
Feudalism	feudalism; absolutism	der Feudalismus; Absolutismus
	the lord, overlord; the tyrant	der Herr, Oberherr; der Tyrann
	the subject	der Untertan
	the yeoman	der Freisasse
	the vassal, liege	der/die Vasall(in), Lehnsmann
	the serf	der Knecht, der/die Leibeigene
	serfdom	die Leibeigenschaft
	subservient, subordinate	dienstbar, untergeordnet
	oppressed, downtrodden	unterdrückt, unterjocht
Capitalism	capitalism, the capitalist	der Kapitalismus, der Kapitalist
	free enterprise	die freie Marktwirtschaft
	laissez-faire, laissez-faireism	das Laissez-faire
	unfettered individualism	hemmungsloser Individualismus
see	the maximization of profit	die Profitmaximierung
§ 14	the cash nexus	der Geldzusammenhang

Socialism	to fulfil oneself in the collective	aufgehen im Kollektiv
	togetherness, the sense of community	das Wir-Gefühl, Zusammengehörigkeitsgefühl
	solidarity, supportive of	die Solidarität, solidarisch mit
	collective ownership, public ~	das Kollektiv-, Gemeineigentum
	the curtailment of freedom	die Beschneidung der Freiheit
Sociology	sociology, the sociologist	die Soziologie, der Soziologe
	the social hierarchy/ structure	Gesellschaftshierarchie, -struktur
	the occupational structure	die Berufsstruktur
	rank, order	der Stand, der soziale Rang
	the stratum	die Schicht, Schichtung
	social circle	der soziale Kreis
	the network	das Beziehungsgeflecht
	the caste, subcaste	die Kaste, Unterkaste
Class(es)	the aristocracy; the landed gentry	die Aristokratie; der Landadel
	the a~ of wealth, the monied class	der Geldadel
	the educated class(es)	das Bildungsbürgertum
	the middle class	die Mittelklasse, das Bürgertum
	petty bourgeois, the ~ bourgeoisie	kleinbürgerlich, das Klein~
	the working class, labouring class	die Arbeiterklasse, ungelernte ~
	the proletariat(e), *lumpenproletariat*	das Proletariat, das Lumpen~
	the underclass	die Unterklasse, unterste Klasse

Wordwise: Alternative forms for the British/American classes are a) upper: the 'upper crust' – the 'quality' – the 'better sort' – the 'ruling class' – the 'second estate' – the 'upper circles' b) middle: the 'bourgeoisie' – the 'middle-income group' – 'Middle England/ Middle America' c) lower: the 'low-income group' – the 'wage-earners' – the 'other half' – the 'workers'. Among the many offensive terms of class are: 'the rabble', 'the mob', 'the riff-raff' *der Pöbel* – the 'hoipolloi' *die große Masse* – the 'dregs of society'/the 'scum' *der letze Abschaum* – 'Smith and Jones' *Hinz und Kunz* – the 'proles' *die Proleten* – the 'plebs' *die Plebs.*

Social Mobility	social mobility, fluidity	die soziale Mobilität
	the social climber	der/die Aufsteiger(in)
	to have 'made it'	arriviert [FF] sein
	upwardly mobile	auf dem Wege nach oben
	to recruit from below	von unten rekrutieren
	embourgeoisement	die Verbürgerlichung
	the parvenu, the upstart	der Emporkömmling, Parvenü

Wordwise: Among the terms for so-seen 'average people' are 'Mr and Mrs Average' – 'Mr and Mrs Brown (or Smith, or Jones)' – 'John Doe', 'Jane Doe' AmE – 'average Joe' BrE – 'Joe Sixpack' AmE, AuE – the 'man in the street' – 'the man on the Clapham omnibus'

	to climb the social ladder/ the greasy pole	die Gesellschaftsleiter emporklettern
	to rub shoulders with	in nähere Berührung kommen mit
Status	privileged	privilegiert
	well-born, well-connected	von guter Herkunft
	well-bred, thoroughbred	wohlerzogen, ‚reinrassig‘
	'Vitamin C' (connections)	‚Vitamin B‘ (Beziehungen)
	blue-blooded	blaublütig
	the haves, the have-nots	die Besitzenden, die Habenichtse
	under-privileged	schlechtweggekommen
	the Untouchables	die Unberührbaren
	equality, equal rights	die Gleichheit, ~berechtigung
Migration	the immigrant, emigrant	der/die Ein/Auswanderer(in)
	to immigrate, emigrate	ein-, auswandern
	immigration, afflux (*with towns*)	die Zuwanderung
	the wave of immigration	die Ein-, Zuwanderungswelle
	the refugee	der (weibl.) Flüchtling
	to seek asylum, the asylum-seeker	Asyl suchen, der Asylbewerber
	to settle	sich niederlassen
	the ethnic minority	die ethnische Minderheit
	to naturalize	einbürgern, naturalisieren
	integration	die Integration
	assimilation, to assimilate	die Assimilierung, assimilieren
	xenophobia, xenophobic	die Fremdenfeindlichkeit, fremdenfeindlich
	prejudice, prejudiced	das Vorurteil, mit V~en behaftet
	racism, racist	der Rassismus, rassistisch
	repatriation	die Repatriierung
	ethnocentric	ethnozentrisch
Gender Relations	sexism, sexist	der Sexismus, sexistisch
	feminism, feminist	der Feminismus, feministisch
	the unreconstructed male	der nicht frauenbewegte Mann
	the male chauvinist	der Chauvinist, ‚Chauvi‘
Feminism	the women's movement	die Frauenbewegung
	women's liberation	die Frauenbefreiung
	feminism, postfeminism	der Feminismus, Postfeminismus
	the feminist	die Feministin
	equal rights for women	die Gleichberechtigung der Frau
	female suffrage, votes for women	das Frauenwahlrecht
	the suffragette, suffragist	die Suffragette, Suffragistin

Whence and Why: 'Suffragists' were linked with the non-violent National Union of Women's Suffrage Societies, founded in 1896 under Milicent Fawcett. 'Suffragettes', however, members of the WSPU (Women's Social and Political Union: 1903), the organisation of Emmeline Pankhurst and her daughters – notably Christabel – were prepared to go to more drastic lengths to achieve their ends. Emmeline once quipped: 'The suffragists jist [*sic*] want the vote: the suffragettes are going to get it'. Christabel proclaimed in 1914: 'Votes for Women, Chastity for Men'. The vote was given to British women of 30 and over in 1918, to women on the same basis as men in 1928.

	the feminization of society	die Verweiblichung der G~
	herstory	die Frauengeschichte
	the women's refuge	das Frauenhaus
	battered women	geschlagene Frauen
	male dominance	die Männervorherrschaft
	male chauvinism	der männliche Chauvinismus
	gender-specific	geschlechtsspezifisch
	gender stereotype	das Geschlechtsstereotyp
	the role model	das Rollenbild
Groupings	the group, grouping	die Gruppe, die Gruppierung
	the professional group(ing)	die Berufsgruppe
	the income bracket	die Einkommensgruppe
In-Group, Out-Group	the in-group, out-group	die Eigen-, Fremdgruppe
	the insider, outsider	der Insider, der Außenseiter
	the peer-group	die Peer-group
	the gang	die Bande
	the clique, the coterie, cliquish	die Clique, Koterie, cliquenhaft
	to hang out together/hobnob (with)	sich herumtreiben mit
	the club, clubbish/clubby	der Klub, gesellig

Der Mensch zeigt sich als Seiendes, das redet. MARTIN HEIDEGGER

	the crony, cronyism	der alte Freund, Kumpan
	the inner/charmed/closed circle	der innere Kreis
	the system of belief	das Glaubenssystem
	the outcast, the leper/Ishmael	der Ausgestoßene, Aussätzige
	the outlaw, to outlaw	der/die Geächtete, ächten
	to give s.o. the cold shoulder, ~ the brush off	jdn. abweisen, jm. die kalte Schulter zeigen
	to send to Coventry	jdn. gesellschaftlich kaltstellen
	to oust, to ostracize	verdrängen, ächten/ausstoßen
	'out', infradig, taboo	‚out', unter der Würde, tabu
Membership	to apply for membership, apply to join	sich um die Mitgliedschaft, Aufnahme bewerben
	to join a group	einer Gruppe beitreten

	to swell the ranks of	die Mitgliederzahl vermehren
	to be a fully paid-up member, a card-carrying member	ein Vollmitglied, eingeschriebenes Mitglied sein
Sociabilty	sociable, sociability	gesellig, die Geselligkeit
	the socialite	der/die Salonfähige, ~löwe(in)
	to socialize, to be a good mixer	gesellig/guter Gesellschafter sein
	to be a warm person	freundlich, herzlich sein
	to be a lively person in a group	eine ‚Betriebsnudel' sein

Verben sind die Betriebsnudeln der Sprache. WOLFRAM WEIDNER

	to have the social graces	gute Umgangsformen haben
	the philanthropist	der/die Menschenfreund(in)
	the misanthrope, the Alceste	der/die Menschenfeind(in)
	hospitable, genial FF, Pickwickian	gastfreundlich
	stand-offish; to be a cold fish	abweisend; kalter Mensch sein
	distant, aloof	distanziert, zurückhaltend
Élites	the élite, élitism	die Elite, elitäre Haltung
	the establishment	das Establishment
	the cadre, the power élite	der Kader, die Machtelite
politikon zoos	the people; the populace	das Volk; das gemeine Volk
	the population	die Bevölkerung
	the public, the general public	die Öffentlichkeit, Allgemeinheit
	the annual cohort	der Jahrgang, die Jahreskohorte
Population	the census	die Volkszählung
	demography, the demographic structure	die Demographie, die demographische Struktur
	the population, ~ growth, ~ decline	die Bevölkerung, die B~szunahme, -abnahme
	the density of population	die Bevölkerungsdichte
	the surplus population	der Bevölkerungsüberschuss
	the population drift to the South/West	die Bevölkerungswanderung in den Süden/Westen
	the North-South divide	das Nord-Süd-Gefälle
	native, indigenous	ansässig, einheimisch
Mortality	the birth/death rate	die Geburten-, Sterberate
	births exceed deaths/outnumber deaths	die Geburten übersteigen die Todesfälle
	the baby boom	die geburtenstarken Jahre
	a baby-boomer	Kind der geburtenstarken Jahre
	the drop in birth-rate due to the pill	der Pillenknick
	low-birth-rate years	geburtenschwache Jahre

see § 5	social pyramid	die Gesellschaftspyramide
	the age-group, age structure	die Altersgruppe, Altersstruktur
Anthropology	anthropology	die Anthropologie
	physical, social ~	die physische, soziale ~
	the anthroplogist	der/die Anthropologe(gin)
Ethnicity	ethnic, ethnicity	ethnisch, die Ethnizität
	ethnology	die Völkerkunde
	the tribe, tribalism	der Stamm, der Tribalismus
	the tribesman, tribespeople	der/die Stammesangehörige(n)
	the primeval/primordial society	die Urgesellschaft
	uncivilised, civilised	unzivilisiert, zivilisiert
	the tribal feud	die Stammesfehde
	the custom, practice; folklore	der Brauch, die Sitte; Folklore
	to perform a ceremony	eine Zeremonie durchführen
	the ritual, the rite; ritualistic	das Ritual, der Ritus; ritualistisch
Kinship Group	the kinship group, kith and kin	die (Bluts)Verwandschaft
	the family, nuclear family	die Familie, Kleinfamilie
	the one-parent family	F~ mit nur einem Elternteil
	the single mother	die alleinerziehnde Mutter
	the clan, the sept (*both* ScE, IrE)	der Clan, die Sippe
Ancestry	ancestry, common descent	die Abstammung
	forefathers, forebears	die Vorfahren, die Ahnen
	the successors	die Nachfahren

Wordwise: 'Kin', an ancient word (*c.* 825) meaning 'a group of persons descended from the same ancestor', is found today in the forms: '(the) next of kin' *die nächsten Verwandten* – 'kinsfolk' *Verwandte* – 'kith and kin' *Bekannte und Verwandte* – 'with kith and kin' *mit Kind und Kegel* – 'kindred spirits' *Gleichgesinnte*

	the offspring, descendants, progeny	der Nachwuchs, die N~kommen
	the lineage	Abstammung, Stammbaum
	the heir, the inheritance	der Erbe/die Erbin, das Erbe
Historical Groupings	the guild	die Gilde, Innung FF
	the estates	die Stände

Your Words, Your World: The various levels of society were first seen as 'orders' 1300, then as 'estates' 1530, then as 'ranks' 1592, and only from the mid C 17th as 'classes'. The phrase 'lower classes' is recorded from 1772, the 'working class' from 1816. The 'three estates' of the realm are, strictly speaking, clergy, Lords and Commons. The phrase is, however, often misused to mean 'Crown, Lords and Commons'. Frequently the press is referred to as a 'fourth estate' – a concept found in Fielding in 1752. In 1932, the radio was dubbed the 'fifth estate', a term re-used in the 1960s for the then powerful trade unions.

10

UNIT Law and Order and Legal Studies

Der Skandal fängt an, wenn die Polizei ihm ein Ende macht. KARL KRAUS, 1921

Law and Laws

law, the law	das Recht, das Gesetz
the legal system; jurisprudence	die Justiz [FF]; die Jurisprudenz
the legislation	die Gesetzgebung
common law BrE	das Gewohnheitsrecht
international law, law of nations	das Internationale Recht, Völker~
commercial law	das Handelsrecht
litigation, to litigate *esp.* AmE	der Rechtsstreit, prozessieren
the brief [FF]	der Gerichtsauftrag

Wordwise: Among the key terms and expressions concerning law(s) are: 'lawful' *gesetzlich, rechtmäßig* – 'to go to law' *den Rechtsweg bestreiten* – 'to become law' *Gesetz werden* – 'contrary to law' *rechtswidrig* – 'to break the law' *das Gesetz übertreten* – 'to enforce the law' *das Recht vollstrecken* – 'to read law' *Jura (SwD Jus) studieren* – 'law-abiding' *gesetzestreu*

The Law in Person

the judge	der/die Richter(in)
the magistrate [FF]	der/die Friedensrichter(in)
the public prosecutor	der/die Staatsanwalt, -wältin
the notary, notary public	der Notar
the ombudsman	der Ombudsman
to mete out justice/punishment [FF]	Gerechtigkeit/Strafe zumessen
to sit in judgement on	zu Gericht sitzen über

The Police

the police man/woman, ~ officer	der/die Polizist(in)
the detective	der Detektiv, ein ‚Kriminaler' [FF]
the plain clothes officer	der Geheimpolizist
the undercover officer	der V-Mann, verdeckte Ermittler
the police marksman	der Polizeischarfschütze

Wordwise: Among the many slang terms for the policeman/woman or the police force in general are: *affectionate*: the 'copper', 'bobby', 'peeler'; *more or less neutral*: the 'Bill', the 'bizzy', the 'rozzers'; *less than affectionate*: the 'blue meanies', the 'pigs', the 'narks', AmE the 'fuzz', the 'cops' etc.

the police squad	die Hundertschaft
the police force	die Polizei
Scotland Yard, the 'Yard'	die Londoner Kriminalpolizei
the Federal Bureau of Investigation, FBI AmE	amerik. Bundessicherheitspolizei, amerik. Bundeskriminalamt

Detection	the private detective the sleuth to deduce; to solve the crime/case forensic	der Privatdetektiv der Detektiv, ‚Spürhund' folgern; den Fall lösen forensisch
Figures in Court	the counsel for the defence the crown counsel, counsel for the prosecution, AmE state prosecutor the plaintiff the litigant the accused, the defendant the witness the usher	der Verteidiger der Staatsanwalt, Anklagevertreter der/die Ankläger(in) der/die Prozessführende der/die Angeklagte der/die Zeuge, Zeugin der Gerichtsdiener
Legal Practitioners	the barrister, ScE writer to the signet the solicitor, lawyer, attorney AmE	der Anwalt, die Anwältin der Anwalt, die Anwältin

Weigh Your Words: 'Solicitors' are the most common form of lawyer in Britain. After (normally) a three-year degree course, one year of legal practice and two years as trainee they acquire the right to act as legal advisers and conduct legal proceedings, incl. working in lower courts. 'Barristers' also normally take a three-year law degree, followed by one year at law school, and are then 'admitted to the Bar' by one of the four ancient Inns of Court, of which they must be members. Barristers may work in all British courts. Senior barristers are 'QC's' (Queen's Councils), the remainder 'junior barristers'.

The Course of Law	to track down, catch the culprit the arrest, to arrest the post mortem the coroner the coroner's inquest the confession, to make a ~ to bring charges committal, committal order released on bail the trial to stand trial, to be on trial to sue, be sued to receive a summons, be called to court to be called to account to be acquitted to appeal, to lodge an appeal, AmE to appeal a verdict	den Täter ermitteln, fassen die Verhaftung, verhaften die Leichenöffnung, Autopsie der Untersuchungsrichter die Gerichtsverhandlung zur Feststellung der Todesursache das Geständnis, ein ~ ablegen verklagen, Klage erheben die Inhaftierung, der Haftbefehl gegen Kaution freigelassen der Prozess unter Anklage stehen gerichtlich belangen eine Vorladung bekommen, vor Gericht gezogen werden zur Rechenschaft gezogen werden freigesprochen werden in Berufung/Revision gehen, R~ einlegen

The Court of Law	the bench	die Richterbank
	the dock	die Anklagebank
	the witness stand	der Zeugenstand
	the juror, the jury	der/die Geschworene(n)
	'twelve good men and true'	die 12 Geschworenen
	to be on jury duty	Geschworene(r) sein
	to conduct in camera	die Öffentlichkeit ausschließen
Types of Court	High Court BrE, Supreme ~ AmE	der Hohe/Oberste Gerichtshof
	the Old Bailey	das Londoner Kriminalgericht
	the magistrate's court	das Friedensgericht
	the youth court (*former:* juvenile ~)	das Jugendgericht
	the court martial	das Kriegsgericht
	the kangaroo court	standrechtliches ‚Gericht'
	lynch justice	die Lynchjustiz
The Course of a Trial	to take an oath, under oath	einen Eid leisten, unter Eid
	to swear in a witness	einen Zeugen vereidigen
	to swear on the Holy Bible	einen Eid auf die Bibel leisten
	to call a witness, to call to witness	als Zeugen vorladen
	to cross-examine witnesses	Z~ ins Kreuzverhör nehmen

We are governed by words, the laws are graven in words, and literature is the sole means of keeping those words living and accurate. EZRA POUND

to raise an objection	Einspruch einlegen
the alibi, to contest an ~	das Alibi, ein ~ anfechten
to dismiss an action	eine Klage abweisen
to adjourn a trial	einen Prozess vertagen
a judge sums up/gives a summing up	ein Richter fasst zusammen
the jury goes out/deliberates	die Geschworenen beraten sich
to deliver a verdict	ein Urteil verkünden
the sentencing	die Urteilsverkündung
to appeal	Revision einlegen

In the Witness Box	to allege	(Unerwiesenes) behaupten
	alleged(ly); supposed(ly)	angeblich; mutmaßlich
	to maintain, claim, assert	behaupten, beteuern
	to imply	andeuten, implizieren

Wordwise: Key court language includes: 'I hereby swear to tell the truth, the whole truth and nothing but the truth, so help me God' – 'Accused, how do you plead? Guilty, or not guilty?' *Angeklagte(r), wie bekennen Sie sich? Schuldig oder nicht schuldig?* – 'Silence in court!' *Ruhe!* – 'Objection, My Lord' *Einspruch!* – 'Objection granted/overruled' *Einspruch stattgegeben/zurückgewiesen*

the innuendo	die versteckte Andeutung
the slur, slander	Verunglimpfung, Verleumdung

	to accuse of a crime to deny to admit (to), confess (to) excuses	eines Verbrechens bezichtigen leugnen, verleugnen zugeben, einräumen Ausreden, Ausflüchte
Illegality	arbitrary arrest imprisonment without trial inhumane treatment torture, to torture	die willkürliche Festnahme Haft ohne vorherigen Prozess inhumane Behandlung die Folter, foltern
Types of Crime or Offence	the crime, the offence the misdemeanour murder FF, murderer manslaughter, AmE homicide grievous bodily harm rape; gang rape abduction, to abduct arson, the arsonist breaking and entering, burglary theft, larceny to steal, to burgle	das Verbrechen, die Straftat das Vergehen, minderes Delikt der Mord, der Mörder FF der Totschlag, die Körperver- letzung mit Todesfolge die schwere Körperverletzung die Vergewaltigung; Gruppen~ die Verschleppung, verschleppen die Brandstiftung, der B~stifter der Einbruch der Diebstahl stehlen

Wordwise: 'arrestable offences' are those for which there is a fixed mandatory (*vorgeschrieben*) penalty (murder, rape etc.) or a sentence of at least five years (theft); 'nonarrestable offences' are the lesser breaches of the law. Before 1967, crimes were further subdivided into the more serious, known as 'felonies', and the less serious, known as mere 'misdemeanours'. An 'indictable (*strafbar*) offence' is one that may be tried by jury in a Crown Court.

shoplifting, the shoplifter	der Ladendiebstahl, der L~dieb
fraud, to defraud of, fraudulent	der Betrug, betrügen um, ~erisch
tax evasion, tax fraud	die Steuerhinterziehung
the forger	der Falschmünzer
under false pretences	unter Vorspiegelung falscher Tatsachen
embezzlement, to embezzle	die Veruntreuung, veruntreuen
breach of contract	der Vertragsbruch
perverting the course of justice	die Rechtsbeugung
perjury, to perjure o.s.	der Meineid, ~ begehen
to trespass, trespass	unbefugt betreten, ~es B~
poaching, the poacher	das Wildern, der Wilderer
racial/sexual discrimination	Rassendiskriminierung

Wordwise: The verb 'to discriminate' in its legal/social sense (*diskriminieren*) requires the preposition 'against'. Thus *Nach wie vor werden Behinderte diskriminiert* is 'Physically challenged people continue to be discriminated against'.

incitement to racial hatred	Anstiftung zum Völkerhass
to harrass, harrassment	ständig belästigen, ~e B~ung
stalking	das Verfolgen, Stalking
public nuisance	Gefährdung der öffentlichen Sicherheit; ö~es Ärgernis
curb-crawling	*etwa* der Autostrich
gross indecency	grobe Unsittlichkeit
indecent exposure	der Exhibitionismus
to deprave	moralisch verderben
breach of the peace, to breach the ~	der Friedensbruch, den ~ b~n
drunken affray	betrunkene Rauferei
to be drunk and disorderly	durch Trunkenheit öffentliches Ärgernis erregen

Driving Offences

drunken driving	Trunkenheit am Steuer
hit-and-run, to hit and run	die Fahrerflucht, F~ begehen
careless and inconsiderate driving	Unachtsamkeit am Steuer
the parking offence, ~ offender	die Parksünde, der ~sünder
the traffic warden, the metre maid	der/die Verkehrspolizist(in)
the parking ticket	der Strafzettel, das ‚Knöllchen'

Offenders

the young offender	der/die jugendliche Straftäter(in)
the petty thief	der Kleindieb, Gelegenheits~
the first-time offender	der/die Ersttäter(in)
the burglar	der Einbrecher
the accomplice	der Komplize, Mittäter
to aid and abet	Vorschub leisten

Ways with Words: Among the many idioms derived from this area are: 'the law is an ass' *das Justizsystem ist dumm* – 'the jury is out on that issue' *darüber ist noch nicht entschieden worden* – 'arresting' *fesselnd* – 'witness Dickens' *als Beweis dient Dickens* – 'a post mortem on the match' *eine nachträgliche Spielanalyse* – 'to poach ideas' *Ideen plagiieren* – 'to bail a firm out' *einer Firma aus einer Krise verhelfen* – 'to tout one's ideas around' *seine Ideen feilbieten*

the ticket tout	der Karten(Schwarzhändler)
the confidence trickster, 'con man'	der Hochstapler, Betrüger
the blackmailer; the extortioner	der Erpresser
the hijacker, skyjacker	der (Flugzeug)Entführer
the cattle rustler	der Viehdieb
the recidivist	der/die Rückfällige

	hardened, persistent	verstockt, 'abgebrüht'
	the recurrent/persistent offender	der Wiederholungstäter
The Underworld	the underworld, gangland	die Unterwelt
	the Mafia boss, 'godfather'	der Mafia-Boss, der ‚Pate'
	to harbour (a suspected criminal)	verbergen, verstecken
	the informer	der/die Informant(in)
	the 'grass', 'supergrass'	der Informant, wichtiger I~
	to 'grass' (on s.o.)	petzen, ‚auspacken'
	the crown witness	der/die Kronzeuge/zeugin
	to turn king's evidence	als Kronzeuge(gin) auftreten
	the receiver of stolen goods, 'fence'	der/die Hehler(in)
	to frame, 'set s.o. up'	jn. ‚reinhängen'
	the paid killer	der/die Auftragsmörder(in)
	the pimp	der Zuhälter
	the madam(e)	die Bordellwirtin, Puffmutter
Terrorism	the assassination attempt	das Attentat, der Anschlag
	to assassinate	(meuchlings) (er)morden
	the bomber	der/die Bombenleger(in)
	the car bomb; bomb threat	die Autobombe; B~drohung
	the bomb hoax	die falsche Bombenmeldung
	to detonate a bomb	eine Bombe hochgehen lassen
	to render harmless by means of a controlled explosion	durch eine kontrollierte Explosion unschädlich machen
	to cordon off an area	ein Areal hermetisch abriegeln
Types of Punishment	detention	die Festnahme, Haft
	house arrest	der Hausarrest
	electronic tagging	elektronische Handschellen
	damages	der Schadensersatz
	a custodial sentence	eine Gefängnisstrafe
	birching, flogging	die Prügelstrafe
	a long sentence, life sentence, 'life'	eine langjährige, lebenslange Strafe, ‚lebenslänglich'
	to be given 'life'	‚lebenslänglich' bekommen
	capital punishment, death sentence	die Todesstrafe
	by hanging, to hang	durch den Strick, hängen
	by electric chair	auf/in dem elektrischen Stuhl
	by lethal injection	durch Todesspritze
	1. lenient 2. severe 3. draconian	1. mild 2. streng 3. drakonisch
	inappropriate	unangemessen
	to make the punishment fit the crime	die Strafe der Tat anpassen
	to get one's just deserts, get one's come-uppance	die verdiente Strafe bekommen, gerecht bestraft werden
	fitting, meet, proper	angemessen, adäquat

	to do justice	Gerechtigkeit widerfahren lassen
	Die Sprache ist die Strafe. Und trotzdem auch eine Endzeile: Kein Sterbenswort, ihr Worte. Ingeborg Bachmann	
	a miscarriage of justice	der Fehlspruch, das Fehlurteil
Relaxation of Sentence	remission/remittal of sentence	(teilweiser) Erlass einer Strafe
	to repeal a sentence, grant a repeal	ein Urteil aufheben
	to show mercy/clemency	Gnade für Recht ergehen lassen
	to pardon	begnadigen
	the general amnesty	die Generalamnestie
	to be released	ent-, freigelassen werden
Forms of Release	parole	die bedingte Haftentlassung
	to be out on parole	Hafturlaub haben
	out on bail	gegen Kaution auf freiem Fuß
	to serve one's sentence	die Strafe verbüßen, absitzen
	the official pardon, the reprieve	die offizielle Begnadigung
Escape	to escape from prison, break out of ~	aus dem Gefängnis ausbrechen
	the jail-break	der Ausbruch aus dem G~
	to abscond from justice	sich der Festnahme entziehen
	to break/jump bail	die Kaution ‚sausenlassen'
Law Enforcement	the police presence	die Polizeipräsenz
	the policeman on the beat	der Streifenpolizist
	the panda car	der Streifen-, Peterwagen
	swamp tactics	Strategie der starken P~präsenz
	handcuffs	die Handschellen
	the truncheon	der Gummiknüppel, Schlagstock
	the pepper spray	der/das Pfefferspray
	electronic surveillance	die Video-Überwachung
	telephone tapping, to tap a 'phone	der Lauschangriff, ein Telefon abhören
	the plexiglass shield	der Plexiglas-Schild
	the helmet, the visor	der Helm/Schutzhelm, das Visier
	the rubber bullet	das Gummigeschoss
	tear gas, CS gas	das Tränengas, CS-Gas
	the riot gear	die Kampfausrüstung
Out-Dated Methods	the rack	die Folterbank
	the thumbscrew	die Daumenschraube
	to be in the stocks	im Stock sitzen
	the pillory, to pillory	der Pranger, anprangern
Out-Dated Punishments	hung, drawn and quartered	gehängt, gezogen, gevierteilt
	beheading, to behead	die Enthauptung, enthaupten
	branding, to brand	das Brandmarken, brandmarken

	the cat o' nine tails	die neunschwänzige Katze
	amputation	die Amputation
	hard labour	die Zwangsarbeit
Types of Evidence	the clue(s) [FF]	die Tatortspur(en)
	circumstantial evidence [FF]	der Indizienbeweis
	DNA fingerprinting	der DNA-Fingerabdruck
	the genetic fingerprint	der genetische Fingerabdruck
Types of Prison	the prison, AmE the penitentiary	das Gefängnis
	the young offender institution	die Jugendstrafanstalt
	the open prison	der offene Strafvollzug
	internment	die Internierung

Wordwise: There are countless idioms for being *hinter schwedischen Gardinen, im Knast* etc. Some are: 'to be behind bars', 'to be locked up', 'to be under lock and key', 'to be in the clink/in the nick/in the slammer/in the jug/in jail', 'to do time', 'to serve time', 'to be at His/Her Majesty's pleasure'.

the maximum security prison	das Hochsicherheitsgefängnis
the psychiatric institution	die geschlossene Anstalt
the padded cell	die Gummizelle
the inmate, 'jail-bird'	der Insasse, der Zuchthäusler
the 'lifer'	lebenslänglicher Strafgefangene
solitary confinement	die Einzelhaft
the probation officer	der/die Bewährungshelfer(in)

Key Legal Terms	goods and chattels	bewegliche Habe
	writ of *habeas corpus*	der Vorführungsbefehl
	the matter is *sub judice*	die Sache wird z. Zt. verhandelt
	to subpoena s.o.	jn. vorladen
	prima facie evidence	glaubhafter Beweis
	with malice aforethought	vorsätzlich
	the onus/burden of proof rests on s.o.	die Beweislast trifft jn.
	extenuating circumstances	mildernde Umstände
	the injunction	die einstweilige Verfügung

Your Words, Your World: The Normans did not, as is sometimes claimed, impose French law on England and Wales. Nevertheless, in the course of their centralizing England and ensuring their tax revenues, many French terms did enter 'common law' – that part of English law which developed in the three centuries after 1066. Key examples are: 'assize' *Gerichtssitzung* 1215 (in Magna Carta), 'culpable' *schuldig* 1303, 'forfeiture' *Verlust, Verwirkung* 1389, 'circuit' *Rundreise eines Richters* 1494. *'Force majeure' höhere Gewalt*, however, is of later origin, as are *'lèse-majesté' Majestätsbeleidigung* and 'puisne judge' *amtsjunger Richter*.

11 UNIT Leisure Activities, Sport and Sport Science

Nonnullis odium multis, gaudium mihi otium. MOTTO ON MANSION, DRESDEN-WEISSER HIRSCH

Leisure	idleness, inoccupation	die Untätigkeit, der Müßiggang
	to idle, loaf, lounge; the lounger	faulenzen; der Müßiggänger
	to be idle; bone-idle, bone-lazy	untätig, müßig sein; stinkfaul
	leisure, free time	die Muße
	otiose (*arch.*)	müßig, untätig; zwecklos

Wordwise: 'Idle' has the triple sense of a) *müßig* b) *faul, träge* and c) *sinnlos/inhaltsleer*. 'The idle rich' are *die reichen Müßiggänger* and 'idle hours' are *Mußestunden*. An 'idle person', however, is a *Faulenzer(in)* and 'to idle away' is *vertrödeln*, to 'idle about' *herumtrödeln*. 'Idle talk', on the other hand, is *müßiges Gerede*; 'it would be idle to' is *es wäre müßig, etwas zu tun*. Other key phrases here are: 'to be at a loose end'/'to have time on one's hands' *nicht wissen, was man mit sich anfangen soll*; 'to fritter away one's time'/ 'to while away one's time' *die Zeit verplempern/ verstreichen lassen*; 'at one's leisure' *mit Muße*.

Keeping Fit	to keep fit, keep in good shape/trim	sich in Form/fit halten
	to train regularly	regelmäßig trainieren
	to have a work-out, to work out	*etwa* Konditionstraining machen
	to do one's morning exercises	die Morgengymnastik machen
	physique; stamina	der Körperbau; die Ausdauer
	to be a body-builder	Bodybuilder sein
	to lift weights, 'pump iron'	Gewichte heben/stemmen
	to do 50 press-ups	50 Liegestützen machen
	to be a jogger, to jog, go jogging	Jogger(in) sein, joggen (gehen)
	the warm-up	das Aufwärmen, ‚Warmlaufen'
	to keep an eye on one's weight	auf sein Gewicht achten
Less than Fit	to slow down, slow up	langsamer werden
	not to overdo things	es nicht übertreiben
	to feel unfit	sich unfit/nicht fit fühlen
	to get out of breath easily	leicht außer Atem kommen
	to be lethargic, slothful, sluggish	sich lethargisch, träge fühlen
Team Sports	to turn out for a team	in einer Mannschaft spielen
	to be in the squad of 24	in dem Kader von 24 sein
	the venue	der Austragungsort
	the cup match; the local derby	das Pokalspiel; das Lokalderby
	the home leg, away leg	das Hin-/Rückspiel
	to head the table	an der Tabellenspitze stehen

the champions	die Meister
to be promoted/relegated	auf-/absteigen
to be in the relegation zone	abstiegsgefährdet sein
to get the wooden spoon	Tabellenletzte(r)/Schlusslicht sein
to play in a tournament	in einem Turnier spielen
the manager, trainer, coach	der Manager, Trainer, Coach
the physiotherapist ('physio')	der Physiotherapeut
the fan, fan club	der Fan, der Fanclub
on the terraces	auf den Zuschauertribünen

Kit

kit, sports outfit	der Dress [FF]
the team shirt/jersey; the shorts	das Trikot; die Hose
the shin guard	der Schienbeinschützer
the boot; the interchangeable studs	der Schuh; die Schraubstollen

Results

to win, lose a match/game	ein Spiel gewinnen, verlieren
5 wins, 3 defeats	5 Siege, 3 Niederlagen
to draw 2:2	sich 2:2 unentschieden trennen
the match was drawn/was a draw	das Spiel ging unentschieden aus
a goalless draw	ein torloses Unentschieden
the home victory, home defeat	der Heimsieg, die ~niederlage
the away win, away defeat	der Auswärtssieg, ~niederlage

Performance

a clear win/victory	ein eindeutiger, überlegener Sieg
a first-rate, top-notch performance	eine erstklassige Leistung
to run rings around the opposition	(*etwa*) spielend gewinnen
a humiliating defeat	eine blamable Niederlage
to play appallingly, wretchedly	miserabel spielen
lacklustre	glanzlos
to be booed off the field	beim Abgang ausgebuht werden
to be barracked	beschimpft werden
We were taught an object lesson	Wir wurden vorgeführt

Individual Qualities

competitiveness; competitive	der Kampfgeist; kämpferisch
defeatism; defeatist	der Defätismus; defätistisch
ebullient	sprudelnd
with a lot of 'pizzazz'/'zip'/'bottle'	mit viel Pepp

Die Schrift muß sein wie ein schwieriges Schachspiel; jedes Wort ein Zug.
Phantasien der Wiederholung, PETER HANDKE

Ball Game Players

the goalkeeper, 'goalie'	der/die Torwart, -hüterin
the defender, the back	der/die Verteidiger(in)
the centre back	der/die Vorstopper(in)
the midfield player, midfielder	der/die Mittelfeldspieler(in)
the libero, game-maker	der Libero, Spielmacher
the winger, outside left/right	der Flügel, Linksaußen, Rechts~
the striker, goal-getter	der Stürmer, Torjäger, Goalgetter

	a goal-hungry centre-forward	ein torgefährlicher Mittelstürmer
The Course of Play	the kick-off, (Hockey) bully-off	der Anstoß, das Bully
	the first/second half	die erste/zweite Halbzeit
	injury time	die Nachspielzeit
	to go into extra time	in die Verlängerung gehen
	the golden goal	das Golden Goal
	the penalty shoot-out	das Elfmeterschießen
	to score the equalizer	den Ausgleichstreffer schießen
Skills	the pass, double-pass	der Pass, Doppelpass
	the cross, to cross	die Flanke, flanken
	to dribble; to tackle	dribbeln; stoppen
	to mark an opponent	einen Gegner decken, markieren
	to score a goal	ein Tor schießen
	to hit the post, cross-bar	an den Pfosten schießen, die Latte treffen
	to net the rebound	den Abpraller ‚einlochen'
	the header, to head	der Kopfball, köpfen
	the duel in the air	das Kopfballduell
	A great/glorious save!	Wunderbar gehalten!
	the diving save, full-length save	die Robinsonade FF, Glanzparade
	the offside trap; offside	die Abseitsfalle; im Abseits
	to play 4-2-4	4-2-4-System spielen
	kick and rush	das Kick-and-Rush
	the set piece	die Standardsituation
	the corner, the free kick	der Eckball; der Freistoß
	to bring down in the (penalty) area	im 16-Meterraum zu Fall bringen
	the dive	die Schwalbe
	to score	Punkte, Treffer erzielen

Ways with Words: Among the many idioms originating in the sporting area are: 'He's for the high jump' *Er ist ‚dran', Er wird gefeuert* – 'to play ball' *mitmachen, ‚spuren'* – 'It's not a level playing field' *Die Verhältnisse sind nicht fair* – 'to move the goalposts' *die Spielregeln ändern* – 'to score an own goal' *ein Eigentor schießen*. For many further examples, see *Idioms*, § 23.

	to score from the penalty spot	einen Elfmeter verwandeln
	to fluff a penalty	einen Elfmeter verschießen
	to be shown the yellow/red card	die gelbe/rote Karte bekommen
	to be sent off	einen Platzverweis bekommen
	the players' bench	die Spielerbank
	to bring on a substitute	eine(n) Spieler(in) einwechseln

Rugby a) Players	rugby, rugby football	das Rugby
	sevens, seven-a-side	Rugby mit je sieben Spielern
	the backs	die ‚Läufer'
	the forward; the scrum	der Forward; das Gedränge
Rugby b) Play	to score a try; to convert a try	einen Versuch machen/ verwandeln
	to tackle; to kick for touch	stoppen; den Ball ins Aus kicken
	to punt (the ball)	den B~ aus der Hand abschlagen
	to hoist a garryowen/ an up-and-under	den Ball hoch ins gegnerische Feld kicken
American Football	the helmet, the visor/vizor	der Schutzhelm, Gesichtsschutz
	the shoulder pad	das Schulterpolster
	the chest protector	der Brustschutz
	the offence	die angreifende Mannschaft
	the defence	die verteidigende Mannschaft
Hockey	the striking circle	der Schusskreis
	the hockey stick	der Schläger
Cricket a) Players	the batsman, bowler	der Schlagmann, der Werfer
	the fielding side	die Feldseite
	the fielder	der Spieler der Feldseite
	the wicket-keeper	der Malwächter
Cricket b) Play	the wicket; the stump	das Mal; der Stab
	the pitch, wicket	das Hauptspielfeld
	the cricket bat	das Schlagholz
	Where the English language is unspoken there can be no real cricket. SIR NEVILLE CARDUS	
	the cricket ball; the seam	der Cricketball; der Saum
	to score a run	einen Lauf erzielen
Baseball a) Players	the batter; the pitcher	der Schlagmann; der Werfer
	the catcher	der Fänger
	the baseball bat; the fielder's glove	der Schläger; der Handschuh
Baseball b) Play	first base, second base	das erste Mal, das zweite Mal
	a home run (through all four bases)	der Homerun
	the pitcher's plate	das Wurfmal
Basketball	the basket; to score a basket	der Korb; einen Korb werfen
	the restricted area	die begrenzte Zone
	the free throw	der Freiwurf
Athletics a) Disciplines	track and field athletics	die Leichtathletik
	the sprints (the sprinter)	die Sprintdisziplinen

	the long distances (the l-d runner)	die Langstreckenläufe
	the hurdles (the hurdler)	die Hürden

Key terms here include: 'On your marks – Get set – Go!' *Auf die Plätze – Fertig – Los!* – false start *ein Fehlstart* – to drop the baton *den Stab fallen lassen* – to be disqualified *disqualifiziert werden*

	the high jump (the high-jumper)	der Hochsprung
	the long jump (the long-jumper)	der Weitsprung
	the pole-vault (the pole-vaulter)	der Stabhochsprung
	the hop, step and jump (the ~er)	der Dreisprung
	the javelin (the ~ thrower)	der Speerwurf FF
	the discus (the ~ thrower)	der Diskus
	the hammer/throwing the hammer	der Hammerwurf
	putting the shot (the ~ putter)	das Kugelstoßen
	the steeplechase (the steeplechaser)	der Hürdenlauf
	the triathlon, pentathlon, decathlon	der Drei-, Fünf-, Zehnkampf
	the relay; relay team	der Staffellauf; die Staffel
Athletics b) Kit	the kit, the 'togs'	die Sportausrüstung
	the spikes; the starting blocks	die Spikes; die Startblöcke
	the wind suit	der Ganzkörperanzug
Athletics c) Relays	the relay race	der Staffellauf
	the baton, to pass the ~	der Staffelstab, den ~ übergeben
	to keep in lane	innerhalb der Bahn laufen
Gymnastics	floor gymnastics	das Bodenturnen

Key pieces of equipment (*Geräte*) in gymnastics are: the parallel bars *der Parallelbarren* – the pommel horse *das Pauschenpferd* – the vaulting horse *das Sprungpferd* – the rings *die Ringe* – the bar *die Reckstange* – the asymmetrical bars *der Stufenbarren* – the beam *der Schwebebalken* – the trampoline *das Trampolin*

Golf	to play a round of golf	eine Runde Golf spielen
	the golf course, golf links FF	der Golfplatz
	the fairway, the green	das Fairway, das Grün/Putter~
	the bunker, the rough	der Bunker, das Rauh
	the iron, the wood, the putter	der Eisen-, Holzschläger, Putter
	the tee; to tee off	das Tee; abschlagen
	to putt; to hole a putt	putten; einen Putt einlochen
	the caddy, caddie	der Caddie
	a birdie, an eagle, a hole-in-one	ein Birdie, Eagle, As
	par (for the course)	das Par, festgesetzte Schlagzahl
Swimming and Diving	crawl, breast-stroke, back-stroke, butterfly; medley	Kraul, Brust, Rücken, Schmetterling; Lagen
	four lengths of the bath	vier Bahnen
	to turn; the turn, flip turn	wenden; die Wende

	diving	das Kunstspringen
	the springboard, high board	das Sprungbrett, die Plattform des Sprungturms
Tennis	the tennis racquet/racket	der Tennisschläger
	the game, set, match	das Spiel, der Satz, das Match
	to serve, to return	aufschlagen, retournieren
	to serve an ace; the double fault	ein As schlagen; der Doppelfehler
	the volley, the smash	der Flugball, der Schmetterball
	the forehand, backhand	die Vor-, Rückhand
	to play serve and volley	Serve-and-Volley spielen
	to play from the baseline	von der Grundlinie spielen
	an unforced error	ein unerzwungener Fehler
	the set point, match point	der Satz-, Matchball
	deuce; advantage Williams	Einstand; Vorteil Williams
	It's four-three in the tiebreak	Es steht vier zu drei im Tiebreak
Badminton	the badminton racket	der Badmintonschläger
	the shuttlecock	der Federball
Rowing	the rowing boat, the oar	das Ruderboot, das Ruder
	to row, to scull	rudern, skullen
	the eight; the cox	der Achter; der Steuermann
	the coxed/coxless four	der Vierer mit/ohne Steuermann
Playing Styles	to play fair, dirty	fair, unfair/foul spielen
	to go on the attack	in die Offensive gehen
	to go on the defensive	in die Defensive gehen
	the amateur, the professional ('pro')	der Amateur, der Profi

Whence and Why: The Industrial Revolution, the public schools, the Second Empire, Victorianism – all led to many sports being invented or codified in Britain. They include (with date of codification): cricket 1774, football 1843, rugby 1846, polo 1862/70, boxing (Queensbury Rules) 1866, croquet 1868, badminton 1870, water polo 1870, tennis 1873, hockey 1883, bowls 1893 and squash rackets 1928.

Fishing	to go fishing, angling	fischen, angeln
	the fishing rod and tackle	die Angelrute und Zubehör
Rules	to codify a sport	einen Sport kodifizieren
	the referee; (cricket/tennis) umpire	der Schiedsrichter
	the linesman, (tennis) line judge	der Linienrichter

Weigh Your Words: A 'referee' (the 'ref') is found in the following sports: football, rugby (Union and League), boxing, basketball, squash, bowls, golf, croquet. An 'umpire' ('ump') is found in: cricket, tennis, hockey, swimming, volleyball, beachball, baseball, netball, rounders, badminton.

Records	to break a record to set up a new record the annual best (time) to hold a record the title-holder	einen Rekord brechen einen neuen ~ aufstellen die Jahresbestzeit Rekordhalter(in) sein der/die Titelverteidiger(in)
Drugs in Sport	to test positive for a substance the A sample, B sample the drug-culprit random testing	auf eine Substanz positiv testen die A-Probe, B-Probe der/die Dopingsünder(in) Stichproben
Betting	betting, gambling to go to the bookmakers/ 'bookie' to place a bet on Red Rum	das Wetten zum Wettbüro/Buchmacher gehen auf Red Rum wetten/setzen

Your Words, Your World: The word 'sport' has changed its meaning markedly over the centuries: it meant now a 'pleasant pastime' 1440, now 'love, intercourse' 1604, now the 'hunting of wild animals' 1653. Only in 1863 did it take on its present meaning of 'games or exercises of athletic character'. Many key expressions in the area are also Victorian in origin: 'a sportsman' *Sportsmann* 1873 – 'sporty' *sportlich* 1889 – a 'fair catch' 1867 – 'It's not cricket' *Es ist nicht fair, anständig* 1851/1900 – 'Play up!' (*arch.*) 1897. A 'sports editor' emerges in 1902, the 'sports page' in 1930, a 'sports deck' (on ship) in 1936, a 'sports hall' in 1943 and a 'sports centre' in 1973. By 1963, the British had the term to describe themselves – 'sports-mad'.

12 UNIT Employment, Unemployment and Personnel Management

We don't know enough about the effects of work, different kinds of work. [...] Every kind of job shaped a man, and sometimes crippled him. RAYMOND WILLIAMS, Second Generation (1964)

Employment	employment, gainful employment	Arbeit, Erwerbstätigkeit
	the job	der Arbeitsplatz FF, die Stelle
	the job market	der Stellenmarkt
	to hold down a job	sich in einer Stellung halten
Types of Employment	the white-collar worker	der/die Angestellte
	the blue-collar worker	der/die Fabrikarbeiter(in)
	the manual labourer	der/die Schwerarbeiter(in)
	the apprentice, apprenticeship	der Lehrling/,Azubi', die Lehre
	part-time work, the part-timer	die Teilzeitarbeit, der T~er
	the 'temp'	die Zeitsekretärin
	the seasonal worker	der/die Saisonarbeiter(in)
	the border commuter	der/die Grenzgänger(in)
	meaningful work; alienated work	sinnvolle Arbeit; entfremdete ~
Workers	the workers; manpower	die Arbeiterschaft; Arbeitskräfte
	the working population	die Erwerbstätigen
	the work-force; the shop-floor	die Belegschaft; B~ einer Fabrik

Wordwise: The word 'shop' has the additional sense of *Werkhalle, -statt, Betrieb, Abteilung*. The sense still exists in such key phrases as 'on the shop floor' *in der Fabrikhalle* or 'the shop floor was against it' *die Belegschaft war dagegen*. See also 'shop steward' and 'closed shop' below. Also connected is the idiom 'to talk shop' *fachsimpeln*.

Job Security	job security	die Sicherheit des Arbeitsplatzes
	tenure	die unbefristete Stelle
	to be given/awarded tenure	eine S~ auf Lebenszeit erhalten

Wordwise: 'Tenure' in the above sense tends to be found only in the academic sphere. 'She has tenure' means *Sie hat eine Dauerstelle/Planstelle*. At American universities, a junior professor may be given a 'tenure-track' position – *eine Stelle mit der Möglichkeit der Entfristung*. 'Tenure of office' also means *Amtsdauer*.

Working Conditions	the place of work FF	die Arbeitsstätte
	the heavy workload	das hohe Arbeitspensum
	a balance/equilibrium between work and private life	ein ausgewogenes Verhältnis zwischen Arbeit u. Privatleben
	stress caused by workload	arbeitsbedingter Stress

	burned-out, worn down	ausgebrannt, abgespannt
	to lumber s.o. with a task	jdm. eine Aufgabe aufbürden
Abuse of Labour	sweated labour	unterbezahlte Arbeit
	child labour	die Kinderarbeit
	appalling, terrible	schockierend, erschreckend
Duration of Work	the 35-hour week	die 35-Stunden-Woche
	overtime, to do overtime	die Überstunde(n), Ü~ machen
	to clock in/off; the control clock	stechen; die Stechuhr
	piece work	die Akkordarbeit
	rigid working times	feste/starre Arbeitszeiten
	flexi-time, flexible working hours	die Gleitzeit, gleitende Arbeitsz~
	core working time	die Kernarbeitszeit
	working hours account	das Arbeitszeitkonto
	time off, time out	die Auszeit
	the recuperation phase	die Erholungsphase
	the sabbatical (year)	das Sabbatical, (das Urlaubsjahr)
Leave	He is off work sick	Er ist krankgeschrieben/-meldet
	to hand in a doctor's certificate	ein Attest [FF] einreichen
	the malingerer	der/die Simulant(in)
	maternity leave	der Mutterschaftsurlaub
	paternity leave	der Vaterschaftsurlaub
	to skive off, to take French leave	blaumachen
	the shirker, skiver, slacker	der/die Drückeberger(in)
	absenteeism	häufiges Fehlen
Unemploy-ment	unemployment, unemployed	die Arbeitslosigkeit, arbeitslos
	to be jobless, out of work, redundant	arbeitslos sein, auf der Straße stehen
	to be on the dole, IrE ~ on the buroo	stempeln gehen
	to be laid off	vorübergehend entlassen werden
	to be declared/made redundant	entlassen werden
	to be dismissed (without notice)	(fristlos) entlassen werden
	the job cuts	der Stellenabbau
	re-training	die Umschulung
	the job centre, Labour Exchange	das Arbeitsamt
Disputes, Strikes	the wage(s) dispute	der Lohnkonflikt
	the strike, the industrial action	der Streik
	the strike call; to call for a strike	der Streikaufruf; zum S~ aufrufen
	to go on strike, to down tools, to take industrial action	streiken, in den Streik treten
	the wildcat strike	der ‚wilde Streik'
	the go-slow (vb. to go slow)	der Bummelstreik

	the work-to-rule, (vb. work to rule)	Dienst/Arbeit nach Vorschrift
	the token strike, sympathy strike	der Warnstreik, Sympathiestreik
	the sit-in, occupation	die Besetzung
	to picket, the picket	Streikposten aufstellen
	to stand till one almost drops	sich die Beine in den Bauch stehen
	flying pickets	betriebsfremde Streikposten
	the strike-breaker, blackleg, 'scab'	der/die Streikbrecher(in)
	the strike ballot	die Urabstimmung
	to resume work	die Arbeit wiederaufnehmen
	to temporarily suspend a strike	einen Streik aussetzen
Trade Union Matters	the trade union leader/boss	der Gewerkschaftsführer
	the TUC (Trade Union Congress)	der brit. Gewerkschaftsbund
	the umbrella organisation	der Dachverband
	to exclude	aus dem D~ ausschließen
	unionized	gewerkschaftlich organisiert
	the shop steward	der gewerk~e Vertrauensmann
	to represent interests	Interessen vertreten
	the closed shop	*etwa* der Gewerkschaftszwang
	multi-unionism	die Gewerkschaftsvielfalt
	demarcation rules	die Demarkationsregeln
	one-union agreement	die gewerk~e Alleinvertretung
	no-strike agreement	der Streikverzicht
	density of unionization	die Gewerkschaftsdichte
Employers	the entrepreneur	der/die Unternehmer(in) FF
	the employers	die Unternehmerschaft
	the CBI (Confederation of British Industry)	der brit. Unternehmerverband *etwa* BDI
Personnel Management	the staff, personnel	das Personal FF, die Belegschaft
	to motivate; highly motivated	motivieren; hochmotiviert
	to encourage	ermutigen
	the pep-talk	die anfeuernde Ansprache
	team spirit	Teamgeist
	ability to work in a team, able to ~	die Teamfähigkeit, teamfähig
	commitment	das Engagement FF
	initiative, drive	die Initiative, der Elan
	to advertise a post	eine Stelle ausschreiben
	to recruit young talent	junge Talente rekrutieren
	to headhunt, the headhunter	headhunten, der Headhunter
	to trawl for talent	nach Talent(en) Ausschau halten
	to introduce new work practices	neue Arbeitsmethoden einführen
	in-service training	die Weiterbildung

In vielen Firmen beginnt das Sparen – beim freundlichen Wort.
HANS-HORST SKUPY

	the working climate	das Arbeitsklima
	to freeze a colleague out	einen Kollegen ‚hinausekeln'
	to make life (too) unpleasant for s.o.	jdm. das Leben schwer machen
	mobbing, to mob	das Mobbing, mobben
Applications	the vacancy	die freie Stelle
	to apply for a job	sich um eine Stelle bewerben
	the application, applicant	die Bewerbung, der Bewerber
	the letter of application	das Bewerbungsschreiben
	a detailed application	aussagefähige B~sunterlagen
	the interview	das Vorstellungsgespräch
	the interviewee	der/die Kandidat(in)
	the shortfall of graduates	der Akademikermangel
	the glut FF of applicants	die Bewerberschwemme
Wages, Salaries	wage(s), salary	der Lohn, das Gehalt
	the remuneration	die Vergütung, Besoldung
	the pay packet	die Lohntüte
	payment by results	der Akkordlohn
	the minimum wage	der Mindestlohn
	the wages bracket; wages index	die Lohngruppe; der Lohnindex
	the wages/pay freeze	der Lohnstopp
	the starting salary	das Anfangs-/Einstiegsgehalt
Perks	perks	Nebeneinkünfte, ~verdienst
	the incentive; performance-related	der Anreiz; leistungsorientiert

Wordwise: The word *Leistung* is notoriously difficult to render when referring to people. The *Leistungsprinzip* is the 'performance principle', a *Leistungsträger* a 'high/top performer', a *Leistungszulage* a 'performance bonus', a *Leistungsabfall* a 'decline in performance'. *Leistungsfähig*, however, tends to be 'highly capable', 'high-achieving', perhaps 'efficient'. *Eine gute Leistung erbringen* is to 'achieve/perform well'; one's *Leistungssoll* is one's 'quota'. *Bezahlung nach Leistung* is 'payment according to output/ productivity/merit/performance'.

	the bonus; the sign-up bonus	der Bonus, die Prämie; Signup-~
	the one-off payment	die Sondervergütung, ~zulage
	the expenses, outlay(s)	die Spesen
	to hold shares in the firm/company	Anteile an der Firma besitzen
	the golden handshake; the pay-off	die Barabfindung; der Umschlag
Negotiations	collective bargaining	die Tarifverhandlungen
	conciliation; arbitration	die Schlichtung; Pendel~
	the cash settlement	die Barabfindung
	the deal-maker behind closed doors	der Broker hinter den Kulissen
	workers' co-determination	die Mitbestimmung

Your Words, Your World: Some words in this field look back over a longish past: 'to shirk' dates from at least 1634. Many, however, are products of the Industrial Revolution or of recent labour conflicts. Thus 'scab' and 'blackleg' date from 1777 and 1865 and 'picket' develops from an earlier military sense in 1867. 'Shop stewards' emerge in 1904, and especially during WWI, while the 'closed shop' AmE 1904/BrE 1923 and the 'wildcat strike' AmE 1937/BrE 1954 both come from the US labour scene. A 'bonus' is as old as 1773, but 'perk' begins as an abbreviation of 'perquisite' – 'thing that has served its primary use and to which a subordinate or servant has then a customary right' – graduating to its current meaning of *Nebeneinkünfte, Gratifikation* between 1957 and 1976.

13 UNIT Business, Industry and Management Studies

Go to your business, I say, pleasure, whilst I go to my pleasure, business. William Wycherley, The Country Wife (1675)

Running a Business	to run/manage a business	ein Unternehmen führen
	to start a new business	eine Existenz FF gründen
	to choose a location/site	einen Standort wählen
	the start-up, launch	der Start
	to launch a new product	ein neues Produkt auf den Markt bringen
Company Development	to flourish, to expand	florieren, expandieren
	to diversify	diversifizieren
	to broaden the marketing mix	die Produktpalette erweitern
	to capture new markets	neue Märkte erobern
	to be highly competitive	sehr konkurrenzfähig sein
	to grow by 21 per cent	um 21 Prozent wachsen
	to double revenue	die Einnahmen verdoppeln
	pre-tax profits	Gewinn vor Abzug der Steuern
	to increase turn-over	den Umsatz steigern
	the market leader	der Marktführer
	to unveil record profits	Rekordgewinne bekanntgeben
	the flagship in the sector	das Flaggschiff der Branche FF
	state-of-the-art, cutting/leading edge	modernst

Nur das Genie hat für den neuen Gedanken auch das neue Wort.
Heinrich Heine

the world's largest producer	der weltgrößte Anbieter
to go public	an die Börse gehen
to record a loss for the year	mit einem Defizit abschließen
the company is ailing	das Unternehmen kränkelt
sales dive/nose-dive	der Absatz sinkt drastisch
to suffer a major slump	einen massiven Einbruch erleben
(to pay off, clear) a debt mountain	ein(en) Schuldenberg (abtragen)
to close subsidiaries	Tochtergesellschaften schließen
job losses are unavoidable	Entlassungen sind unumgänglich
to revamp one's image	sein Image aufpolieren
to refurbish stores	Geschäfte aufpolieren, -päppeln
to call for a shake-up	radikale Veränderungen fordern
to slim down, to cut out dead wood	‚abspecken', rationalisieren
a radical re-structuring	eine radikale Neustrukturierung

	to turnaround to bounce back	erfolgreich sanieren wieder konkurrenzfähig werden
Orders	the order books; fat order books incoming orders dwindle a slowdown in business	die Auftragslage; gute ~ die Auftragslage ist rückgängig *etwa* ein Umsatzrückgang
Production	production, manufacture output the model goes into production to cease production	die Produktion, die Herstellung der Ausstoß, die Produktion das Modell geht in Produktion die Produktion einstellen
Success and Failure	to make profits profitable, lucrative to maximize profits the high profit margin to plough profits back into the business to be in the black/red research and development (R & D)	Gewinne erzielen rentabel FF, lukrativ Gewinne/Profite maximieren die hohe Gewinnspanne Gewinne wieder in das Geschäft stecken schwarze/rote Zahlen schreiben Forschung und Entwicklung
Mergers	the merger; the steel merger to merge (with) to amalgamate, the amalgamation the vertical/horizontal integration the take-over, to take over to approach, make an approach the (hostile) take-over bid/offer the market price to become involved in a company to purchase shares/a stake to buy up shares the majority holding to persuade shareholders to produce synergies the management buy-out (MBO)	die Fusion FF, der Zusammenschluss; die Stahl-Ehe fusionieren (mit) sich zusammenschließen, der Z~schluss vertikaler/horizontaler Z~schluss die Übernahme, übernehmen FF ein Angebot unterbreiten die (feindliche) Übernahmeofferte der Kurswert, Marktwert bei einer Firma einsteigen Aktien/Anteile erwerben Aktien aufkaufen die Aktienmehrheit Aktionäre überzeugen Synergieeffekte herbeibringen die/das MBO
Insolvency	insolvency, bankruptcy insolvent to go bankrupt to declare o.s. bankrupt	die Insolvenz, der Bankrott insolvent, zahlungsunfähig in Konkurs FF geraten Konkurs FF anmelden

Wordwise: A company is 'bankrupt' *bankrott* when a court has made a 'bankruptcy order' against it because it cannot pay its debts *Schulden*. The court acts when a 'bankruptcy petition' *Konkursantrag* has been made by one or more 'creditors' *Gläubiger* or by the 'debtor' *Schuldner* himself or herself. In order to pay the creditors, a company may 'go into receivership' *Konkursverwaltung*, where a 'receiver' *gerichtlich bestellter Konkursverwalter* attempts to realize the remaining assets *Aktiva*. The distribution of these assets means that the firm 'goes into liquidation' *tritt in Liquidation* – the final step before its dissolution.

to wind up [FF]/dissolve a company	ein Unternehmen auflösen

Markets

the gap/opening on the market	die Marktlücke
the market niche	die Marktnische
the glut [FF]; glut of the market	das Überangebot; die Übersättigung des Marktes
the market is glutted/saturated	der Markt ist gesättigt
chronic over-capacity	die chronische Überkapazität
market capacity	die Aufnahmefähigkeit des M~s
the 70 % market share	der Marktanteil von 70 %
market penetration, ~ segments	die Marktpenetration, -segmente
the retail trade, wholesale trade	der Einzelhandel, Großhandel

Marketing

marketing; the marketing	das Marketing; die Vermarktung
to market cleverly/astutely	geschickt/gekonnt vermarkten
marketing research	die Markt-, Absatzforschung
market/product matrix	die Marketingmatrix
to do/conduct market research	eine Marktanalyse durchführen
the buying/ purchasing behaviour	das Kaufverhalten
the buyer's resistance	die Kaufhemmung
the product image	das Produktimage
brand loyalty	die Markentreue
to come onto/to throw on the market	auf den Markt kommen/werfen
the competition	die Konkurrenz [FF]
cut-throat competition	der Verdrängungswettbewerb
the rival product	das Konkurrenzprodukt

Advertising

advertising, to advertise	die Werbung, werben
sales promotion	die Absatz-, Verkaufsförderung
the advertisement, advert, ad; TV ad	die Anzeige; der Fernsehspot

Wordwise: The various carriers/bearers of advertisement *Werbeträger* are: the 'classified ad(vertisement)' *die Kleinanzeige* – the 'poster' *das Plakat* – the 'display ad' *die ganzseitige Werbung* – the 'hoarding, AmE billboard' *die Anschlagtafel* – 'direct mail advertising' *die Postversandwerbung* – 'mail order advertising' *die Versandhauswerbung* – 'point-of-sale advertising' *Werbung am Verkaufsort* – the 'package insert' *die Packungsbeilage* – the 'flyer' *der Reklamezettel* – the 'advertising pamphlet' *die Werbebroschüre*

the advertising budget	der Werbeetat
advertising research, ~ agency	die Werbeforschung, -agentur

	the advertising campaign, ~ space	die Werbekampagne, -fläche
	the advertising slogan; ~jingle	der Werbeslogan; -song, -spruch
	the target group; to target a group	die Zielgruppe, Z~ anvisieren
	the coverage	der erfaßte Personenkreis
	the advertising text, the copy writer	der Werbetext, -texter

Price Strategy

to set the price	den Preis festsetzen
the price cut	die Preissenkung
price cutting; the price war	die Preisdrückerei; der P~krieg
the price reduction	der Preisnachlass
the price agreement	die Preisabsprache
retail price maintenance	die Preisbindung
at dumping prices	zu Dumpingpreisen
to slash prices	Preise drastisch kürzen/senken
high-priced; over-priced	hoch im Preis; zu teuer
excessive, exorbitant	überhöht, unerschwinglich
to price oneself out of the market	nichtmarktfähige Preise haben

Wordwise: The key types of price are: 'factory price'/'price ex works' *Fabrikpreis/Preis ab Werk* – 'cost price' *der Selbstkostenpreis* – the 'recommended price' *die unverbindliche Preisempfehlung* – the 'closest price' *der äußerste Preis* – the 'knock-down price' *der Reklamepreis* – the 'clearance price' *der Ausverkaufspreis* – the 'give-away price' *der Spottpreis* cf. 'for a song' *für einen Appel und ein Ei*

the introductory/launch price	der Einführungspreis
the bargain offer	das Angebot, SwD die Okkasion
the (real) bargain	das (echte) Schnäppchen
a rip-off	ein Nepp
the winter sales	der Winterschlussverkauf

The Customer

the customer, client; the clientèle	der Kunde; die Kundschaft
to woo customers	um Kunden/Kundinnen werben
the decision to buy/purchase	die Kaufentscheidung
'The customer's always right'	‚Der Kunde ist König'

Contracts

the contract, conclusion of ~	der Vertrag, Vertragsabschluss
the conditions/terms of business	die Geschäftsbedingungen

Ways with Words: Among the idioms derived from this area are: 'morally bankrupt' *moralisch bankrott* – 'Every man has his price' *Keiner ist unbestechlich* – 'a queer customer' *ein komischer Kauz* – 'He couldn't run a whelk-stall' *Er kann gar nichts organisieren* – 'What price Berlusconi now?' *Welche Chancen hat Berlusconi jetzt?* – 'She got more than she bargained for' *Damit hat sie nicht gerechnet* – 'I can't be (a) party to that' *Daran möchte ich nicht beteiligt sein.*

the party to a contract	die Vertragspartei
to hammer out the details	die Einzelheiten ausarbeiten

	to iron out disagreements	Differenzen ‚ausbügeln‘
	to finalize/conclude a deal/contract	einen Vertrag abschließen
	to sign; to initial	unterschreiben; paraphieren
	to win/gain a deal/a major order	einen (Groß)Auftrag gewinnen
Industry	industry, heavy industry	die Industrie, Schwerindustrie
	the industrialist	der Industrielle [FF]
	the captain of industry (*arch.*)	der Industriekapitän, Schlotbaron
Industrial Production	the assembly line	die Fertigungsstraße
	the conveyor belt	das Fließ-, Förderband
	mass production	die Massenfertigung
	to manufacture, produce	herstellen
	machining	das maschinelle Herstellen
	milling	das Walken; das Fräsen
Basic Skills	to turn, the lathe	drehen, die Drehbank
	to weld, the welding iron	schweißen, das Schweißgerät
	to drill, the drill	bohren [FF], die Bohrmaschine
	craftsmanship	handwerkliches Können
	the master (craftsman)	der Meister
	the apprentice, ’prentice	der Lehrling
Other Work	to assemble	montieren
	to operate (a machine)	bedienen
	to supervise	kontrollieren, beaufsichtigen
	the division of labour	die Arbeitsteilung
	the artisan	der Handwerker

Wordwise: Among the traditional professions (all of which have become common family names) were: cartwright *Stellmacher* – wainwright *Wagenbauer* – cooper *Fassbinder* – smith *Schmied* – mason *Maurer* – thatcher *Reetdachdecker* – carpenter *Zimmermann* – plumber *Klempner* – farmer *Bauer, Landwirt* – (dairy-)farmer *Meier* – miller *Müller* – tailor *Schneider* – hosier *Strumpfwarenhändler* – collier *Kohlenarbeiter/Bergmann* – weaver *Weber*

Mining/ Quarrying	the mine; the mineshaft/ tunnel	die Zeche; der Schacht/Stollen
	the open cast mining	der Tagebau
	to mine for lignite/ brown coal	Braunkohle abbauen, gewinnen
	to prospect for gold; ~ for oil	nach Gold suchen; ~ Öl bohren
	the quarry, to quarry	der Steinbruch, Steine abbauen
Management Studies	industrial management	die Betriebswirtschaftslehre
	management	die Unternehmensführung
	management consultancy	die Unternehmensberatung
	under new management	unter neuer Leitung

Business Structure

the board	der Vorstand
the chairman, ~woman of the board	der/die Vorstandsvorsitzende
the entrepreneur, business(wo)man	der/die Unternehmer(in)
the junior partner	der firmenjüngere Gesellschafter
the managing partner	der geschäftsführende Teilhaber
the company philosophy	die Unternehmensphilosophie

Types of Company

the firm; the company	die Firma; das Unternehmen
the sole-trader enterprise	das Einmannunternehmen
the medium-sized firm	das Mittelstandsunternehmen
the concern, the group	der Konzern, die Gruppe
the multinational (enterprise), MNE	das multinationale U~, der Multi
the steel giant	der Stahlriese
the holding company	die Dachgesellschaft

Wordwise: The essential forms of company and their abbreviations are: 'limited (liability) company' 'Ltd' *(Aktien)Gesellschaft mit beschränkter Haftung, GmbH* – 'joint-stock company', 'public limited company', 'plc' *die Aktiengesellschaft, AG* – 'ordinary partnership' (AmE 'general p~') *offene Handelsgesellschaft, OHG* – 'limited partnership' *Kommanditgesellschaft, KG*

the syndicate, consortium	das Konsortium
the parent company	die Muttergesellschaft
the subsidiary	die Tochtergesellschaft

Command Structures

to issue a directive	eine Direktive ausgeben
to circulate suggestions	Vorschläge in Umlauf bringen
to stimulate thought	Denkanstöße geben
the memorandum, communiqué, memo	das Memorandum, Kommuniqué, Memo
to delegate responsibility	die Verantwortung delegieren
the joint venture	das Gemeinschaftsunternehmen

Plant/ Offices

the factory; the shop	die Fabrik [FF]; die Werkhalle
the plant	die Anlage, das Werk
the headquarters, head office	das Hauptquartier, der Hauptsitz
sited/located in Leeds, L~-based	mit Sitz in Leeds

Finances

outgoings, expenditure	die Ausgaben
income, incomings, revenue	die Einnahmen
factory costs/expenses	die Herstellungskosten
overheads	laufende Geschäftskosten
factory overheads, AmE f ~ burden	laufende Fabrikkosten

Capital

the equity/proprietary capital	das Eigenkapital
borrowed capital	das Fremdkapital
assets, liabilities	Aktiva [FF], Passiva [FF]

Your Words, Your World: Among the fascinating word-histories in this field are 'machine' and 'factory'. A 'machine' was first any kind of structure – even 'this machine round, this vniuers [universe]' 1599 – then a wheeled vehicle esp. a coach, a meaning found in Swift, Defoe and Burke, then a ship or vessel and in 1901—1919 even a motor car. Only in 1673 did it become also 'an apparatus for applying mechanical power'. A 'factory' was first an 'establishment for traders ('factors') in a foreign country and is first recorded as a 'building for manufacture' only in 1618. The first known use of 'captain of industry' is in Carlyle, 1843.

14 UNIT The Economy, Finance and Economics

To be clever enough to get all that money, one must be stupid enough to want it.
G. K. Chesterton, 1935

The National Economy	the national economy	die Volkswirtschaft
	the state purse	der Staatssäckel, die Staatskasse
	the national budget	der Staatshaushalt, Nationaletat
	the Chancellor of the Exchequer BrE	der brit. Finanzminister
	the Exchequer, Treasury	das brit. Schatzamt
	the Secretary of the Treasury AmE	der amerik. Finanzminister
	the finance minister, minister of ~	der Finanzminister
	the Ministry of Finance	das Finanzministerium
The State of the Economy	the boom	die Hochkonjunktur, die Hausse
	the consumer-led boom	die verbrauchergeführte Hoch~
	the upswing	der Aufschwung
	low, zero inflation	die niedrige Inflation, Nulli~
	to boost demand	die Nachfrage ankurbeln
	consumer prices are falling	die Verbraucherpreise fallen
	consumer spending	die Ausgaben der Privathaushalte
	consumer confidence	das Vertrauen der Konsumenten
	the feel-good factor	der Wohlfühlfaktor
	inflation, stagflation, boomflation	die Inflation, Stag~, Boom~
	to creep/stagger along	vor sich hindümpeln
	the downturn, downswing	die Konjunkturabschwächung
	spiralling inflation	die galoppierende Inflation
	the recession	die Rezession, die Baisse
	to peak	gipfeln, den Höchststand erreichen
	to bottom out, be bottoming out	die Talsohle durchschreiten
	the light at the end of the tunnel	das Licht am Ende des Tunnels
Economics	economics	die Volkswirtschaftslehre, VWL
	the economist	der Nationalökonom, Volkswirt

Weigh Your Words: It is essential to distinguish between 'economic' *ökonomisch, volkswirtschaftlich* and 'economical' *sparsam*. Thus 'economic divide' is *das Wirtschaftsgefälle*, an 'economic migrant' is *ein Wirtschaftsflüchtling;* 'to be economical with sth.', however, is *haushalten mit, sparsam mit etw. umgehen*. The phrase 'to be economical with the truth' *sparsam mit der Wahrheit umgehen* has enjoyed a dubious vogue since the mid-1980s.

Running the Economy	to exert prudence	Vorsicht walten lassen
	the inflation rate	die Teuerungs-, Inflationsrate
	long-term investment	langfristige Investitionen
	to prime-pump the economy	eine Konjunkturspritze geben
	to stop up the holes in the economy	die Haushaltslöcher stopfen
	to get/come to grips with the budget	den H~ in den Griff bekommen
	to cut state subsidy/subvention	den Staatszuschuß kürzen
	to prescribe a draconian cure	eine Rosskur verordnen
	to squeeze spending	die Staatsausgaben drosseln
	the spending squeeze	die Drosselung der S~ausgaben
	the cuts, cut-backs	die Etatkürzungen
	swingeing cuts	drakonische Sparmaßnahmen
	to slash	drastisch kürzen
	to increase, decrease	erhöhen, vermindern/reduzieren
	to receive loans to tide one over	Überbrückungskredite erhalten
	up to one's eyes in debt	bis über die Ohren verschuldet
	the money supply	die Geldmenge im Umlauf
	the credit squeeze	die Krediteinschränkung
	the overheating of the economy	die Konjunkturüberhitzung
	to deflate the economy	die Konjunktur drosseln

Whence and Why: 'Boom and bust' *außergewöhnlicher Aufschwung, dem eine ernste Konjunkturkrise folgt* is the – originally American – term for an economic upturn followed by a downswing. 'Stop-go' is the English term for a policy of first deflating, then reflating the economy. The policy, designed to alleviate the balance of payments crises *Zahlungsbilanzkrisen* of the late fifties and sixties, in fact made them worse by leaving the economy, after each deflation, less competitive and thus more prone to an influx of imports.

	to reflate the economy	die Wirtschaft beleben
Statistics	the retail price index	der Preisindex
	the standard of living	der Lebensstandard
	the gross national product (GNP)	das Bruttosozialprodukt
	the gross domestic product	das Bruttoinlandsprodukt

Werter sol men wegn un nit zejln. (Wörter soll man abwiegen, aber nicht zählen.) JIDDISCHES SPRICHWORT

	seasonally adjusted figures	saisonal bereinigte Zahlen
	to rise in real terms	real steigen
	to massage the figures	die Zahlen schönreden
The Annual National Budget	the budget speech/debate	die Haushaltsrede, -debatte
	the finance bill	die Steuervorlage
	taxation, tax revenue	das Steueraufkommen
	to raise, lower taxes	Steuern erhöhen, senken
	the tax cut, tax relief	die Steuersenkung, -entlastung

	the base rate of tax	der Proportionalsatz
	indirect taxation	indirekte Abgaben
	corporation tax	die Körperschaftssteuer
	inheritance tax	die Erbschaftssteuer
	excise duty	Steuer auf Bier, Tabak usw.
	the public sector spending	öffentliche Ausgaben
	the public sector borrowing requirement (PSBR)	die Neuverschuldung
	the base lending rate	der Lombardsatz
	to cut interest rates	den Zinssatz senken

Weigh Your Words: Few words are trickier to render than *Konjunktur*[FF]. It means now 'economic situation' *Wirtschaftslage*, now 'business outlook' *Wirtschaftstrend*, now 'business cycle' *Konjunkturverlauf*. It is worth mastering at least the following: *Konjunkturentwicklung* 'economic development' – *Konjunkturindikatoren* 'economic indicators' – *konjunktureller Aufschwung* 'economic recovery' – *Konjunkturbarometer* 'business barometer' – *konjunkturbedingt* 'cyclical' – *konjunkturdämpfend* 'countercyclical'

	the pre-election giveaway	das Wahlgeschenk
	the tax-free allowance	der Freibetrag
	the tax threshold	die Steuerschwelle
	moonlighting, the black economy	die Schattenwirtschaft
Trade	the trade, foreign trade	der Handel, Außenhandel
	to trade with a country	mit einem Land Handel treiben
	to import, export	einführen, ausführen
	the import(s), export(s)	die Ein-, Ausfuhr
	invisible earnings, 'invisibles'	die unsichtbaren Einnahmen
	a trade surplus, ~ deficit	ein Handelsüberschuss, -defizit
	the balance of trade, trade balance	die Handelsbilanz
	the balance on current account	die Leistungsbilanz
	the balance of payments	die Zahlungsbilanz
	the import embargo	die Einfuhrsperre
	to impose a trade embargo	ein Handelsembargo verhängen
	the trade boycott, to boycott	Handelsboykott, boykottieren
	the sanctions	die Sanktionen
The World Economy	the G7 countries	die G7-Länder
	the tiger economies	die Volkswirtschaften der Tigerstaaten
	globalization	die Globalisierung
	the developing nations	die Entwicklungsländer
	the slowdown in world economic growth	die Verlangsamung des Weltwirtschaftswachstums
	to launder money	Geld waschen

On the Stock Exchange	the stock exchange	die Börse
	to go public	zur Aktiengesellschaft werden
	the broker	der/die (Börsen)Makler(in)
	the jobber	der Effektenhändler
	the underwriter	der Garant e~r Effektenemission
	the shareholder; small-time investor	der Aktienbesitzer; Kleinanleger
Market Mood	the market trend	die Börsentendenz
	buoyant	im Aufwind, lebhaft
	turbulent	turbulent
	a bear(ish) market	ein auf Baisse gerichteter Markt
	a bull(ish) market	ein steigender/haussierender Markt

Whence and Why: A 'bear' *Baissier, Baissespekulant* is a dealer who speculates on market prices falling: a 'bull' *Haussier* speculates on them rising. A 'bear raid' is concentrated selling to force prices down. Similarly, a 'bull position' (or 'long position') is one from which a broker hopes to sell at a higher price. A 'stale bull' is a broker who cannot sell at the hoped-for profit. A 'stag' *Konzertzeichner* is a person who buys a 'new issue' *Neuemission* in the hope that its starting price will be above the issue price. The terms 'bear' and 'bull' stem from the eC 18th, around the time of the speculative fiasco of the South Sea Bubble (1719–20). 'Bear' is thought to derive from the saying 'to sell the bear's skin before one has caught the bear'.

	patchy, varied; dull, sluggish	uneinheitlich; lustlos
	in free fall	auf Talfahrt, in den Keller gehend
	to make a 'killing'	einen Riesengewinn machen
	the quoted price	der notierte [FF] Kurs [FF]
Types of Share	the stocks	AmE Aktien, BrE Staatspapiere
	the share, the security	die Aktie; das Wertpapier
	the bond	die öffentliche Schuldverschreibung
	the treasury bond	der Schatzwechsel, Wechsel
	the bearer bond	die Inhaberobligation
	the ordinary share, preference share	die Stammaktie, Vorzugsaktie
	blue chips	Spitzenpapiere, Blue Chips
	gilt-edged securities, 'gilts'	mündelsichere Wertpapiere
	the debenture	die Schuldverschreibung
	the consol	die konsolidierte Staatsanleihe
	the premium bond	die Prämienanleihe
	investment savings; the portfolio	das Aktiensparen; Aktienpaket
	the dividend	die Dividende
	bonus issue	die Ausgabe von Gratisaktien

Whence and Why: The term 'blue chip', meaning a share in one of the most highly regarded companies, is American in origin: the highest valued chip in poker is coloured blue. 'Gilt-edged' securities are English in origin and refer to the gilt-edged paper *Papier mit Goldschnitt* on which they were printed. Major institutions have much of their investment in blue chips. Gilts are dependable, but unexciting.

redeemable	tilgbar

The Money Markets

the money/currency markets	die Geldmärkte, Devisen~
the exchange rate of the pound	der Wechselkurs des Pfundes
the strong pound	das starke Pfund
to speculate on the markets	an der Börse spekulieren
to put one's money into the dollar	sein Geld in Dollar anlegen
the run on the dollar	der Run auf den Dollar
the flight from the Yen	die Flucht aus dem Yen

Wordwise: A currency or a share can be 'firm' *fest* – 'stable' *stabil* – 'falling away' *abbröckelnd* – 'low' *niedrig notierend* – 'high' *hoch notierend* – 'patchy' *uneinheitlich* – 'fluctuating' *schwankend*

You and Your Money

to be good with money	mit Geld gut umgehen können
to save, put aside	sparen, zur Seite legen
to invest skilfully	geschickt anlegen
to plough back profits	Erträge wieder anlegen
put aside for a rainy day	auf der hohen Kante
to be niggardly, stingy; be a skinflint	knauserig sein, ein Geizhals sein
tight-fisted	knickerig
to be thrifty, economical	sparsam, haushälterisch sein
generous	freigiebig, spendabel FF
to give to charity	spenden FF
to be a spendthrift	ein(e) Verschwender(in) sein
to spend money like water	Geld zum Fenster hinauswerfen

Words are wise men's counters, they do but reckon by them; but they are the money of fools. TH. HOBBES

to cost a pretty penny	ein hübsches Sümmchen kosten
to cost a king's ransom	eine Riesensumme kosten
to borrow money; to live on tick	Geld pumpen; auf Pump leben
to cadge from friends	bei Freunden schnorren

Among the many colloquial words for money are: 'cash', 'dough', 'bread', 'brass', 'tin', 'lolly', 'shekels', 'loot', 'the needful', 'the filthy lucre', 'oof', 'do-re-mi', AmE 'bucks' 'green stuff', 'lean green' etc. Other key terms are: 'strapped for cash', 'hard up', 'feeling the pinch' *knapp bei Kasse* – 'bust', 'busted', 'broke' 'out of funds' 'out of pocket' *pleite* – stone(y) broke *völlig pleite* – 'I haven't got the wherewithal' *Ich habe nicht das Nötigste* – 'in Queer Street' *verschuldet* – 'rolling in it', 'flush' *gut bei Kasse* – 'loaded', 'stinking rich' *steinreich* – 'to strike it rich' *zu Geld kommen* – 'to make one's pile' *ein Vermögen verdienen*

	money-minded; money-grubbing	materialistisch; raffgierig
	the miser	der Geizkragen, der Geizhals
	miserly	geizig
Wealth/ Poverty	wealth	der Reichtum, das Vermögen
	affluent, prosperous	wohlhabend
	well-to-do, well-off, 'comfortable'	gutsituiert
	well-heeled	(gut)betucht
	in reduced circumstances	in beschränkten Verhältnissen
	indigent	bedürftig, mittellos, verarmt
	on the bread line	am Rande des Existenzminimums
	the (bare) subsistence level	das Existenzminimum
	the poverty trap	die Armutsfalle
	poverty-stricken	äußerst arm
The Welfare State	the welfare state	der Wohlfahrtsstaat
	the social security system	das soziale Netz
	the case of need/hardship;the needy	der Sozialfall; die Bedürftigen
	to draw supplementary benefit	Sozialhilfe beziehen
	unemployment benefit	das Arbeitslosengeld
	housing benefit; sick pay	das Wohngeld; das Krankengeld
	the council flat/house	die Sozialwohnung
	disablement benefit	der Behindertenzuschuss
	the state pension; index-linked	die Rente; indexiert
	earnings-related	nach Einkommen gestaffelt
	to pay contributions	Beiträge zahlen
	the claimant	der Sozialhilfeempfänger
	the abolition of poverty	die Abschaffung der Armut
Banks	the issuing bank	die Notenbank
	the Bank of England	die britische Zentralbank
	the Federal Bank, 'the Fed'	die amerikanische Zentralbank
	the deposit bank, joint-stock bank	die Depositenbank, Aktienbank
	the commercial bank	die Geschäftsbank
	the building society	die Bausparkasse
	branch banking	das Filialbanksystem
Bank Services	a bank loan	ein Bankkredit
	to grant a credit/a loan	einen Kredit gewähren
	mortgage credit	Hypothekenkredit
	to loan money at interest	Geld gegen Zinsen ausleihen
	to issue bank notes	Banknoten ausgeben
	the fiduciary issue	die ungedeckte Notenausgabe

You and Your Bank		
	to open a current account	ein Girokonto eröffnen
	to get money from a cash dispenser	am Geldautomaten Geld holen
	the bank statement	die Kontoauszüge
	to have an overdraft	sein Konto überzogen haben
	to be in the red	in den Miesen/im Minus sein
	the (credit) shark	der Kredithai
	to pay back a loan	ein Darlehen zurückzahlen

Your Words, Your World: The term 'bank' (which up to 1680 also meant *Bank* in the sense of 'bench') derives from the 'shop or office of a money dealer' 1474 – a meaning found in the Bibles of Tyndale and Coverdale – and takes on its modern sense around 1548. The Bank of England, often known as 'The Bank', was founded in 1694, just after the Great and Glorious Revolution. 'Income tax' was first introduced as a war tax in 1799; the idea of a 'wealth tax' is much younger, dating from 1963. 'Stock exchange' dates from 1773, 'building society' from 1848, 'welfare state' from 1941.

15 UNIT Politics and International Relations

Walked through a word, saw the birds in the trees;/They had no politicians and sang at their ease 'Refugee Blues', W. H. AUDEN, 1939

The Political Party

the political party	die politische Partei
the parliamentary party	die Fraktion/Unterhausfraktion
the party leadership	die Parteiführung/Parteispitze
the dual/twin leadership	die Doppelspitze
party headquarters	die Parteizentrale
the Prime Minister, PM, premier	der Ministerpräsident, Premier
the Cabinet	das Kabinett
the kitchen cabinet	das innere Führungsgremium
the government spokesman/-woman	der/die Regierungssprecher(in)
the shadow cabinet	das Schattenkabinett
the Party Chairman	der/die Parteivorsitzende
the Party (chief) whips	die ‚Chefeinpeitscher' der Partei
the party machine	der Parteiapparat
the Party Conference[FF]	der Parteitag
to stage manage	inszenieren
to address the conference	eine Rede vor dem P~ halten
the bloc vote	die Blockstimme
the spin doctor	der ‚Soundbiteproduzierer'
spin	der ‚Drall', der ‚Spin'

Durch Worte und Begriffe werden wir jetzt noch fortwährend verführt, die Dinge noch einfacher zu denken, als sie sind, getrennt voneinander, unteilbar, jedes an und für sich seiend ... Menschliches, Allzumenschliches, II, 11 FRIEDRICH NIETZSCHE

the media adviser	der/die Medienberater(in)
to mastermind the strategy	die Strategie ausklügeln
the 'ideas person'	der/die Ideenspender(in)
the pioneering thinker	der Vordenker
the ideologue	der Ideologe

Types of Supporter

the followers, supporters	die Anhänger
the rank-and-file	das Fußvolk der Partei
the grass roots	die Parteibasis, die Basis
the grass roots activist	der/die Aktive an der Basis
extra-parliamentary	außerparlamentarisch
the party stalwart	der/die Stammwähler(in)
the sympathiser	der Sympathisant
the fellow traveller	der ‚Trittbrettfahrer'
to jump/climb on the bandwagon	‚trittbrettfahren'

the die-hard, the dogmatist	der Unentwegte, Dogmatiker
staunch, unswerving	resolut, unbeugsam
wavering, hesitant	schwankend, zögerlich
the turn-coat	der Wendehals

Internal Divisions

the breakaway/splinter group	die Splittergruppe
the policy conflict	der Richtungsstreit
the inner-party pressure group	die innerparteiliche Gruppierung
to seek a fight with s.o.	auf Konfrontationskurs gehen
discord in one's own ranks	ein Zerwürfnis in den eigenen Reihen
to head off a revolt	eine Rebellion abwenden
to call for party unity	zur Geschlossenheit aufrufen
to repudiate an idea	eine Idee ablehnen

Auch das klügste Wort bleibt am Ende nur Geschwätz, wenn es nicht auf irgendeinem Wege zu Taten führt. ARTHUR SCHNITZLER

a political bombshell	eine polit. Sensationsnachricht
the opponent, adversary	der Gegner, Widersacher
the backbenchers	die Hinterbänkler
the lobby, the lobbyist	die Lobby, der/die Lobbyist(in)
to lobby s.o.	auf jn Einfluß nehmen (wollen)
the caucus	die Parteiclique

Left/Right

the left/right-winger	der/die Linke/Rechte
the right wing; the Left/the Right	der r~ Flügel; die Linke/Rechte
left/right of centre	links/rechts von der Mitte
a centre-right party	eine Mitte-rechts-Partei
the Third Way	der dritte Weg
right/left wing extremist	rechts/linksextremistisch

Whence and Why: The major British parties and their dates of founding are: the Conservative Party ('Tories') 1832–4 *die Konservativen* – the Liberal Party ('Whigs', now: Liberal Democrats) 1832–4 *die Liberalen* – the Labour Party 1900–06 *die Labour-Partei* – Plaid Cymru (Welsh Nationalists) 1925 *die walisischen Nationalisten* – the Scottish Nationalists (SNP) 1934 *die schottischen Nationalisten* – the Green Party (formerly: Ecology Party) 1973 *die Grünen* – the Ulster Unionists (UUP) 1905 *die (nordirischen) Unionisten* – the Democratic Unionists (DUP) 1971 *die Demokratischen Unionisten* – Sinn Féin 1907–08 *Sinn Féin*

Ginger Groups

the ginger group	die Basisinitiative
to raise consciousness	Bewußtsein machen/schaffen
to agitate; to protest	agitieren; protestieren
to protest against; AmE to protest	protestieren gegen
to appeal against; AmE to appeal	Einspruch einlegen gegen

Protest	the riot	der Krawall
	the disturbances	die Ausschreitungen
	masked demonstrators	vermummte Demonstranten
	to fight a running battle	sich eine Straßenschlacht liefern
	to break through the barricades	die Sperren durchbrechen
Past Political Movements	Radicalism, the Radicals	die Radikalen, der R~ismus
	the Luddites	die Maschinenstürmer
	Chartism, the Chartists	der Chartismus, die Chartisten
	the free trade movement	Kampagne für den Freihandel
	the Suffrage movement	die Wahlrechtsbewegung
	Campaign for Nuclear Disarmament (CND)	Bewegung für nukleare Abrüstung
	the anti-slavery campaign, movement	die Kampagne für die Abschaffung der Sklaverei
	the Civil Rights Movement	die Bürgerrechtsbewegung
	the stop-the-war movement	die Anti-Vietnamkriegs-bewegung

O jagt einmal die Raben / Aus unseren Landen fort, / Und sprecht: Ihr sollt es haben, / Das freie Wort! GEORG HERWEGH

American Parties	the Republican Party('Grand Old ~')	die Republikanische Partei
	the Democratic Party	die Demokratische Partei
	the Greens	die Grünen
Elections	the General Election(s)	die Neuwahlen, Parlaments~
	the by(e)-election	die Nachwahl
	the local government election	die Kommunalwahl
	the second ballot	die Stichwahl
	the constituency; the ward	der Wahlkreis; der Wahlbezirk
	the run-up to the election	die Vor-Kampagne
	to call an e~n, to 'go to the country'	Neuwahlen ausschreiben
	to dissolve parliament	das Parlament auflösen
	the manifesto, the electoral pledge	das Manifest, das Wahlgelöbnis
	the blueprint for the future	die Blaupause für die Zukunft
	the election campaign	die Wahlkampagne
	to fight/wage a good campaign	einen guten Wahlkampf führen
	the candidate	der/die Kandidat(in)
	to stand, AmE to candidate	kandidieren
	to put up candidates, to field ~	Kandidaten ins Rennen schicken
	to fight a seat	in einem Wahlkreis kandidieren
	the marginal (constituency)	W~kreis mit knappem Ausgang
	to canvass	um Stimmen werben
	to go on the stump	Wahlreden halten
	the opinion poll	die Meinungsumfrage
	to be ahead in the polls	in den M~umfragen führen

	the (opinion) pollster	der/die Meinungsforscher(in)
	election day	der Wahltag
	the polling station; the polling booth	das Wahllokal; die Wahlkabine
	the ballot sheet; the ballot box	der Stimmzettel; die Wahlurne
	the voting machine	die Wahlmaschine
	the postal vote	die Briefwahl
	the count	die Auszählung der Stimmen
	to win on a recount, win after several recounts	nach mehrmaliger Auszählung der Stimmen gewinnen
	the declaration	die Verkündung des Ergebnisses
Electoral Systems	the simple majority system, the 'first-past-the-post-system'	das einfache Mehrheitswahlrecht
	proportional representation	das Verhältniswahlrecht
	the electoral college AmE	die Wahlmänner
Election Results	the landslide/runaway victory	der Erdrutschsieg
	to win handsomely	haushoch gewinnen
	to win by a whisker	sehr knapp gewinnen
	the straw poll, the exit poll	die Meinungsumfrage nach Stimmabgabe
	first predictions based on votes cast	die ersten Hochrechnungen
	the share of the poll	der Stimmenanteil

Wordwise: 'neck-and-neck' *Kopf an Kopf* – 'The result is on a knife-edge' *Das Ergebnis steht auf Messers Schneide* – 'It's a cliff-hanger' *Es ist eine Zitterpartie* – 'It's a close-run thing' *Es ist ein knappes Rennen* – 'It's too close to call' *Das Ergebnis ist derart knapp, dass es nicht vorherzusagen ist*

a swing to the Left	ein Stimmenzuwachs für die Linke
the small parties fall away	die kleinen Parteien brechen ein
the pent-up resentment of voters	der gestaute Widerwille der Wähler
to suffer a severe setback	herbe Verluste einstecken
to be voted out (of office)	abgewählt werden
to register gains	Gewinne verbuchen
to have an absolute/overall majority	die absolute Mehrheit haben
the clear/resounding mandate [FF]	der eindeutige Wählerauftrag
to win a seat	ein Mandat [FF] gewinnen
to capture a seat	ein Mandat [FF] dazugewinnen
a hung parliament	Parlament ohne klare Mehrheit
a minority government	eine Minderheitsregierung
to hold the balance of power	das Zünglein an der Waage sein
to be the king-maker	Königsmacher sein
to be a wedge between the major parties	einen Keil zwischen die großen Parteien treiben

	to form a coalition	eine Koalition bilden
	coalition negotiations	Koalitionsverhandlungen
	to find a coalition partner	einen Koalitionspartner finden
Election Analysis	the floating voter	der/die Wechselwähler(in)
	the first-time voter; young voter	der/die Erstwählerin, Jung~
	a Liberal stronghold/bastion	eine Hochburg der Liberalen
	solid Labour territory	das Labour-Stammland
	the ethnic vote; the grey vote	die Stimmen der ethnischen Minderheiten; S~ der Senioren
	to mobilize one's vote	sein Wählerpotential mobilisieren
	the two-cornered fight	der Kampf zw. zwei Kontrahenten
	the volatile electorate	die labile Wählerschaft
	the high turn-out	die hohe Wahlbeteiligung

Weigh Your Words: It is easy to get the key democratic acts wrong in English: to vote *die Stimme abgeben/zur Wahl gehen* – He voted Labour all his life *Zeit seines Lebens wählte er Labour* – She voted for Truebloke *Sie gab ihre Stimme Truebloke* – Spinway was elected *Gewählt wurde Spinway* – The candidate who gets the most votes is elected *Gewählt wird der Kandidat, der die meisten Stimmen auf sich vereint.*

	an electoral liabilty	ein Handikap bei der Wahl
	gerrymandering, vote-rigging	die Wahlschiebung
Party Relations	to form a pact/an electoral alliance	einen Wahlpakt schließen
	The coalition is under strain	Die Koalition ist angespannt
	There are clear tensions	Es gibt deutliche Spannungen
	A rift is developing	Eine Kluft tut sich auf
	clear blue water between the parties	deutliche ideologische Differenzen zw. den Parteien
	a stand-off between the parties	eine Konfrontation zw. den P~
Major Policy Areas	nationalisation	die Verstaatlichung
	(re-)privatization	die (Re-)privatisierung
	laissez-faire	das Laisser-faire, Laissez-faire
	interventionism	der Interventionismus
see § 14	the welfare state	der Wohlfahrtsstaat
	the National Health Service (NHS)	das nationale Gesundheitswesen
	to roll back the frontiers of the state	dem Staat Schranken setzen
	to reduce the burden of taxation	die Steuerlast senken
Tackling Problems	to deal with/tackle a problem	einem Problem zu Leibe rücken
	to nip in the bud	im Keim ersticken
	to lavish millions on sth.	für etw. Millionen rauswerfen
	to act, not react	agieren, nicht reagieren

	to unveil a series of initiatives/ plans	eine Reihe von Initiativen/ Plänen bekanntgeben
	to pledge funds	Gelder versprechen/zusagen
	to conduct/hold an inquiry into	einen Untersuchungsausschuss einberufen
	a coruscating/damning report	ein vernichtender Bericht
In an Emergency	to summon a crisis council	einen Krisenstab einberufen
	to take emergency measures	Sofortmaßnahmen ergreifen
	to draw up contingency measures	Notmaßnahmen formulieren
	to warn against panic-mongering	vor Panikmache warnen
	a fiasco, a debacle	ein Fiasko, ein Debakel
	the scandal, the hoo-ha	der Skandal, das Skandälchen
	to be wrong-footed, to be caught napping	auf dem falschen Fuß erwischt werden
	beset by problems	von Problemen geplagt
	the emergency services	die Notdienste
Opposing	to condemn a decision	einen Entschluss verurteilen
	to issue a warning to/admonish s.o.	jn. verwarnen, ermahnen
	a constructive alternative	eine konstruktive Alternative
	to trade/exchange insults	sich gegenseitig beleidigen
	the vote of no confidence	das Misstrauensvotum
	to table a motion	einen Antrag stellen
	to act as a watch-dog over	überwachen
	overseeing the exchequer	die Finanzkontrolle
Political Corruption	to be corrupt, venal	korrupt, bestechlich sein
	to accept backhanders	Schmiergelder annehmen
	to grease s.o.'s palm	Schmiergelder geben
	bribery, payola money, the bribe	das Schmiergeld
	the sleaze	der Filz
	the party donation affair	die Spendenaffäre
Parliaments	the bicameral system	das Zweikammersystem
	the House of Lords	das britische Oberhaus
	the peer/ peeress	der Peer, die Peeress
	the life peer/ peeress	P ~ auf Lebenszeit
	the House of Commons	das (brit.) Unterhaus
	the member of parliament/M. P.	der/die Abgeordnete
	the delegate	der/die Delegierte
	the representative	der/die Stellverteter(in)
	the Senate AmE, the Senator	der Senat, der/die Senator(in)
	the House of Representatives	das Repräsentantenhaus
The House of Commons	the Front Bench	die Regierungsbank
	the backbenches	die Hinterbänke
	the Opposition Front Bench	die Bank des Schattenkabinetts

	the opposition benches	die Oppositionsbänke
	the cross-benches	die Bänke für Parteilose
	the Speaker	(*etwa*) der Bundestagspräsident
	the press gallery	die Presse-Empore
The Legislative Process	the white paper	der Gesetzesentwurf
	the bill	die Gesetzesvorlage
	the private member's bill (PMB)	die G~ eines einzelnen M.P.s
	the speech, maiden speech	die Rede, Jungfernrede
	to make/give/deliver a speech	eine Rede halten

Die kristallinischen Worte kommen in Reden nicht vor. Sie sind das Einmalige, das Unwiederholbare, sie stehen hin und wieder auf einer Seite Prosa oder in einem Gedicht. INGEBORG BACHMANN

	the debate	die Debatte
	the first/second/third reading	die erste/zweite/dritte Lesung
	the committee stage	das Ausschussstadium
	the final reading	die letzte Lesung
	the filibuster	die Verzögerungstaktik
	the session, the parliament	die Legislaturperiode
Voting on a Bill/ Proposal	the division	die Hammelsprung-Abstimmung
	the vote; to vote	die Abstimmung; abstimmen
	the House divides	das Unter-/Oberhaus stimmt ab
	to vote for/against sth.	für/gegen etw. stimmen
	to abstain	sich der Stimme enthalten
	to vote with the opposition	mit der Opposition stimmen
	the motion, proposal; counter-p~l	der Antrag; der Gegenantrag
	to propose a motion	beantragen; einen Antrag stellen
	to second a motion	einen Antrag unterstützen
	the guillotine	die Befristung der Debatte
	to pass a bill/a law	ein Gesetz verabschieden
Foreign Policy	the treaty, treaty partner	der Vertrag, Vertragspartner
	the agreement	das Abkommen
	the alliance	die Allianz, das Bündnis
	the ally	der/die Alliierte
	non-aligned	blockfrei
	détente	die Entspannung(spolitik)
Diplomacy *see § 16*	the ambassador	der/die Botschafter(in)
	the Embassy; the Consulate	die Botschaft; das Konsulat
	the envoy	der/die Gesandte
	the diplomat	der/die Diplomat(in)
	the peace mission	die Friedensmission
	to summon a conference	eine Konferenz einberufen

	shuttle diplomacy	die Pendeldiplomatie
	to negotiate; to mediate	verhandeln; vermitteln
	to seek a compromise	einen Kompromiss suchen
	prepared to make concessions	zu Zugeständnissen bereit
	to broker a deal	eine Übereinkunft herbeiführen

Die neue Politik beginnt für uns mit der Kunst, Worte zu schaffen, die an Bord der Wirklichkeit den Horizont aufzeigen. Peter Sloterdijk

	to strike a harsher tone	einen härteren Ton anschlagen
	to hold a press conference	eine Pressekonferenz abhalten
	to issue a joint statement, a joint communiqué	eine gemeinsame Erklärung, ein g~es Kommuniqué abgeben
Key Foreign Policy Issues	national security	die nationale Sicherheit
	international human rights	internationale Menschenrechte
	the special relationship	das besondere Verhältnis
	the *entente cordiale*	die Entente cordiale
	East of Suez	jenseits von Suez
see § 14	to impose sanctions	Sanktionen verhängen
	Star Wars	der Krieg der Sterne
	the security conference	die Sicherheitskonferenz
	reprisals	Vergeltungsmaßnahmen
	to take hostages	Geiseln nehmen
	to pay a ransom	Lösegeld zahlen
	the skyjack	die Flugzeugentführung
	harrassment	die Schikane, das Schikanieren
	to expel; deport	des Landes verweisen; abschieben
International Law	genocide	der Völkermord, der Genozid
	war crimes, the war criminal	Kriegsverbrechen; der K~er
	the International Court in The Hague	der Int. Gerichtshof in Den Haag
Empire and Commonwealth	the First/Old Empire	das erste brit. Empire
	the Second/New Empire	das zweite brit. Empire
	the settlement, plantation; the settler	die Siedlung; der/die Siedler(in)
	the colony	die Kolonie
	the dominion	das Dominion
	developmental aid	die Entwicklungshilfe
Britain and Europe	the European Free Trade Association (EFTA)	die europäische Freihandelszone (EFHZ)
	the Common Market	der gemeinsame Markt
	the European Economic Community (EEC)	die Europäische Wirtschaftsgemeinschaft (EWG)
	the European Union (EU)	die Europäische Union (EU)
	the founder member	das Gründungsmitglied

	to apply for membership, apply to join/enter	sich um die Mitgliedschaft bewerben
	to join, enter	beitreten (Dat.)
	the right of veto; to exercise one's ~	das Vetorecht; sein V~ausüben
	to revoke a treaty	einen Vertrag aufkündigen
	the loss of sovereignty	der Verlust an/der Souveränität
Stances in Foreign Policy	the warmonger	der Kriegshetzer, -treiber
	the sabre-rattler	der Säbelrassler
	the hawk; the dove	der Falke; die Taube
	realpolitik	die Realpolitik
	gun-boat diplomacy	die Kanonenbootdiplomatie
	the rapid reaction force	die Schnelleingreiftruppe
	to hold out the olive branch	Friedenswillen zeigen

Your Words, Your World: The stories of several of the words in this section mark the increasing hold of politics on our lives. 'Cabinet' develops from 'little cabin' 1572 to become the 'Council of Cabinet' 1625; 'prime ministers' in the plural are found from 1646, in the singular from 1694; party 'whips' crop up from 1850, 'party machines' from 1891. 'Spin doctors' and 'spin-doctoring' come from America and American in the early to mid-1990s. 'Hawks' and 'doves' are products of the vexed 1960s, especially of the Vietnam War years.

16 UNIT War and Peace and Peace Studies

Chaps chaps chaps chaps/Chaps chaps chaps chaps 'Chaps' ROBERT CRAWFORD, 1996

Types of War	the civil war	der Bürgerkrieg
	the guerilla war	der Guerilla-/Partisanenkrieg
	total war, all-out war; the world war	der totale Krieg; der Weltkrieg
	the 'holy war', jihad	der ‚heilige Krieg', Dschihad
	trench warfare	der Grabenkrieg
	the submarine war	der U-Bootkrieg
	the Cold War	der Kalte Krieg
	the 'emergency', state of emergency	der Notstand, Ausnahmezustand
	the nuclear war	der Atomkrieg
	the strategic nuclear war	der strategische Nuklearkrieg
	the war of nerves	der Nervenkrieg
Warfare	to declare war on s.o.	jdm. den Krieg erklären
	to begin/commence hostilities	die Feindseligkeiten eröffnen
	to wage war with a country	gegen ein Land Krieg führen
	to be at war with s.o.	im Kriegszustand mit jdm. sein
	warmongering	die Kriegshetze
	the theatre of operations	der Kriegsschauplatz
Peace	the peace offer	das Friedensangebot
	the truce, cease-fire, armistice	die Waffenruhe, der W~stillstand
	to bury the hatchet	das Kriegsbeil begraben
	demobilisation, 'demobbing'	die Demobilisierung
	(nuclear) disarmament	die (nukleare) Abrüstung
	to keep the peace	den Frieden bewahren

Major wars with British and/or American involvement (all wars take an article in English) include: The Hundred Years War *der Hundertjährige Krieg* – Wars of the Roses *der Rosenkrieg* – Irish Wars *die Kolonialkriege gegen Irland* – War of the Spanish Succession, *der spanische Erbfolgekrieg* – Seven Years War *der Siebenjährige Krieg* – American War of Independence *der Amerikanische Unabhängigkeitskrieg* – Napoleonic Wars *die Napoleonischen Kriege* incl. Peninsular War *der Halbinselkrieg* – Maori Wars *die Maorikriege* – Crimean War *der Krimkrieg* – Zulu War *Zulukrieg* – Boer War *Burenkrieg* – First World War, 'Great War' *der Erste Weltkrieg* – Second World War *der Zweite Weltkrieg* – Korean War *der Koreakrieg* – *Vietnam War* der Vietnamkrieg – Falklands/Malvinas War *der Falklandkrieg* – Gulf War *der Golfkrieg*

a peace-keeping force	Friedenstruppen
the UN forces	die Blauhelme, UN-Streitkräfte
the standing army	das stehende Heer

Types of Battle	the battle	die Schlacht
	the pitched battle	die regelrechte Feldschlacht
	the running battle	das laufende (Rückzugs-) Gefecht
	the street battle	die Straßenschlacht
	the skirmish	das Geplänkel
	the ambush	der Überfall aus dem Hinterhalt
	to ambush	aus dem H~ überfallen/ auflauern
	from ambush	aus dem Hinterhalt
	the sally, the sortie; the foray	der Ausfall; der Beute-, Raubzug
	the chevauchée	der berittene Angriff
	the trench	der Schützengraben
	the dug-out	der Unterstand
	no-man's land; the front	das Niemandsland; die Front
	to sap, tunnel	minieren, tunneln
	the siege[FF], to besiege[FF]	die Belagerung, belagern
	the naval battle	die Seeschlacht
	the air strike, air raid	der Luftangriff, Bombenangriff
	the offensive; the attack, assault	die Offensive; der Angriff
	the pre-emptive strike	der Präventivschlag
	to launch an attack	einen Angriff starten
	to hold/ward/stave off an attack	einen Angriff abwehren
	to drive back/repel the enemy/foe	den Feind zurückdrängen
	the surprise attack, sneak attack	der Überraschungsangriff
	to attack, defend	angreifen, verteidigen
Strategies	a scorched earth policy	eine Politik der verbrannten Erde
	the two-pronged attack	der Zangenangriff
	the retreat, to retreat	der Rückzug, sich zurückziehen
	the policy of attrition	die Zermürbungsstrategie
	to play a waiting game	abwarten
Outcomes	the victory	der Sieg
	the decisive battle	die Entscheidungsschlacht
	the Pyrrhic victory	der Pyrrhussieg
	the defeat, to defeat	die Niederlage, besiegen [FF]
	the slaughter	das Abschlachten, das Gemetzel
	to fight to the last man/to the last	bis auf den letzten Mann kämpfen
	to surrender	sich ergeben, aufgeben
	to be taken prisoner	gefangengenommen werden
	to be taken hostage	als Geisel genommen werden
	to be used as a human shield	als menschlicher Schild eingesetzt werden
	the prisoner of war (POW)	der Kriegsgefangene

The Aftermath	to pillage, plunder, loot	plündern
	the pillage, plunder, booty	die Kriegsbeute
	the massacre, to massacre	das Massaker, abschlachten
	to put to the sword	über die Klinge springen lassen
	to conduct a massacre	ein Massaker anrichten
	to lay waste	verwüsten
	to raze to the ground	dem Erdboden gleichmachen
	to decimate	dezimieren
	to open a safe haven/safety zone	eine Sicherheitszone errichten
Occupation	the occupation troops	die Besatzungstruppen
	to occupy a country/town	ein Land/eine Stadt besetzen
	to impose a curfew	eine Ausgangssperre verhängen
	to reconnoitre; to patrol	auskundschaften; patrouillieren
	military rule/government	die Militärherrschaft/-regierung
Types of Soldier	the foot-soldier	der Fußsoldat
	the infantryman	der Infanterist
	the cavalry(man)	die Kavallerie, der Kavallerist
	the archer	der Bogenschütze
	the musketeer	der Musketier
	the rifleman	der Schütze, Jäger
	the sapper	der Pionier, Sappeur
	the marine (AmE)	der Marineinfanterist
	the volunteer	der (Kriegs-)Freiwillige
	the crack troops, élite troops	die Elitetruppe
	the conscript, AmE draftee	der Wehrpflichtige, Einberufene
	the mercenary, *(arch.)* hireling	der Söldner
	the partisan	der/die Partisan(in)
	the old hand, veteran	der alte Haudegen, Veteran

The major ranks in the army are: the commander-in-chief *der Oberbefehlshaber* – the field marshal *der Feldmarschall* – the general *der General* – the brigadier BrE *der Brigadekommandeur* – the colonel *der Oberst* – the captain *der Hauptmann* – the lieutenant, AmE first ~ *der Leutnant* – the sergeant major *der Hauptfeldwebel*– the sergeant *der Feldwebel* – the corporal *der Unteroffizier* – the lance corporal *der Ober-, Hauptgefreite* – the private *der gewöhnliche Soldat.* The ranks from general to lieutenant are 'commissioned officers', 'COs'; ranks from sergeant major to lance corporal are 'non-commissioned officers', 'NCOs'.

the recruit	der Rekrut
military service	der Wehrdienst
conscription, call-up, AmE draft	die Wehrpflicht
to be called up, AmE be drafted	einberufen werden
fit for service	kriegsdienstverwendungsfähig
cannon fodder	Kanonenfutter
exempt from service, AmE draft-e~	vom Wehrdienst befreit

	the conscientious objector	der Kriegsdienstverweigerer
	the deserter, to desert	der Deserteur, desertieren
	the draft-dodger AmE	der Wehrunwillige
	to go absent without leave/ go AWOL	sich unerlaubt von der Truppe entfernen
	alternative service	der (Wehr)Ersatzdienst
Basic Weapons	the sword, dagger	das Schwert, der Dolch
	the sheath	die Scheide
	the spear; the shield, ScE targe(t)	der Speer; der Schild
	the pike	die Pike

Die Sprachen sind die Scheiden, darinn die Schwerter des Geistes verborgen stecken. MARTIN LUTHER

the axe, hatchet	die Axt, das Beil, Kriegsbeil
the cudgel	der Morgenstern
the bow, the arrow, the quiver	der Bogen, der Pfeil, der Köcher
the crossbow, the bolt	die Armbrust, der Bolzen
the sling	die Schleuder
the musket	die Muskete, Flinte
the flintlock rifle	das Steinschlossgewehr
the rifle; the automatic rifle	das Gewehr; automatisches~ G
the bayonet	das Bajonett
the machine/submachine gun	das Maschinengewehr; die M~pistole
the barbed wire	der Stacheldraht
the (hand) grenade	die Handgranate

Hätten wir das Wort, hätten wir die Sprache, wir bräuchten die Waffen nicht. INGEBORG BACHMANN

Artillery	the cannon	die Kanone
	the howitzer	die Haubitze
	the anti-aircraft gun	die Flugabwehrkanone
	the flak, the ak-ak; aerial barrage	die Flak; das Flakfeuer
	the shell	das Geschoss
	to shell	unter Beschuss nehmen
	to shell the enemy positions	die feindlichen Stellungen ~
Military Vehicles	the armoured car	der Panzerwagen
	the armoured scout car	der Panzerspähwagen
	the tank	der Panzer
	the truck, the jeep	der LKW, der Jeep
The Navy	the navy, the Royal Navy, US Navy	die (brit., amerik.) Kriegsmarine
	the powerful navy	die mächtige Kriegsflotte
	the merchant navy	die Handelsmarine
	naval forces, the naval arm	die Seestreitkräfte

Types of Warship	the (long-distance) gun boat	das (Langstrecken)Kanonenboot
	the battleship	das Schlachtschiff
	a ship of the line	ein Linienschiff
	the flag-ship	das Flaggschiff
	the landing craft	das Landungsboot
	the mine hunter/sweeper	das Minenjagdboot/ -suchboot
	the cruiser, missile cruiser	der Kreuzer, Raketenkreuzer
	the destroyer	der Zerstörer
	the guided-missile destroyer	der Raketenzerstörer
	a pocket battleship	der Westentaschenkreuzer
	the aircraft carrier	der Flugzeugträger
	nuclear-powered	atombetrieben
	the submarine, 'sub'	das Unterseeboot, ‚U-Boot'
	the periscope	das Sehrohr, das Periskop

Key naval ranks are: fleet admiral *der Großadmiral* – admiral *der Admiral* – commodore *der Kommodore* – captain *der Kapitän* – commander AmE *der Fregattenkapitän* – lieutenant BrE, AmE first ~ *der Oberleutnant* – petty officer *der Maat*

Sailors	the sailor	der Matrose, der Seemann
	the marine [FF]	der Marineinfanterist
	the purser	der Zahl-, Proviantmeister
	the steward	der Steward
The Airforce	the airforce	die Luftwaffe
	the night fighters, interceptors	die Nachtjagd, Abfangjäger
	the aerodrome, airport	der Flugplatz, Flughafen
Airmen	the bomber pilot	der Bomberpilot
	the bomb-aimer; the navigator	der Bombenschütze; Beobachter
	the rear-gunner	der Heckschütze
	the crew	die Besatzung, die Mannschaft
	the ground-crew	das Bodenpersonal
Types of Plane	the fighter plane, combat aircraft	das Kampfflugzeug
	the bomber, the stealth bomber	der Bomber, der Tarnkappenb~
	the reconnaissance plane	das Aufklärungsflugzeug
	the helicopter, 'chopper'	der Hubschrauber
Methods	the scramble, to scramble	der Alarmstart, einen A~ durchführen
	to mark the target	das Ziel markieren
	to strafe [FF]	mit Bordwaffen beschießen
	in-flight refuelling	die Luftbetankung
Bombs, Mines, Missiles	to bomb, to drop bombs	bombardieren
	to blitz	konzentriert bombardieren
	the 400lb-bomb	die 400-Pfund-Bombe

to explode/detonate a bomb	eine Bombe hochgehen lassen

Weigh Your Words: 'to bomb' is to drop bombs from the air. To 'bombard' is to fire at a target from land or sea. 'Aerial bombardment', however, is bombing from the air.

the incendiary bomb, fire-bomb	die Brand-, Phosphorbombe
napalm	das Napalm
the aerial mine, blockbuster, 'cookie'	die Luftmine, der ‚Wohnblockknacker'
the atom bomb (A-bomb)	die Atombombe
the hydrogen bomb (H-bomb)	die Wasserstoffbombe
the neutron bomb	die Neutronenbombe
blanket/carpet bombing	das Flächenbombardement
precision bombing	der Präzisionsangriff
the fire-storm	der Feuersturm
the land-mine; to mine; mined	die Landmine; verminen; vermint
the missile	die Rakete, der Flugkörper
the surface-to-air missile	die Boden-Luft-Rakete
the Cruise Missile	der Marschflugkörper
the bearer/carrier system	das Trägersystem
the warhead, payload	der Gefechtskopf
overkill capacity	die Overkill-Kapazität

Solange das Wort richtig gebraucht wird, wird nicht getötet.
FRIEDRICH SIEBURG

the dud	der Blindgänger
the blank [FF]	die Platzpatrone

Victims

the casualty	der Verwundete *oder* der Tote
the fatality	der Tote, der Gefallene
the civilian victim; innocent v~	das Zivilopfer; unschuldiges ~
collateral damage	der Kollateralschaden

Wars commence in our culture first of all, and we kill each other in euphemisms and abstractions long before the first missiles have been launched. E. P. THOMPSON

to fall in battle; the mass grave	fallen; das Massengrab
to go missing; missing in action	vermisst sein; verschollen
missing, believed lost	vermisst, totgeglaubt
to maim, cripple; to blind	verkrüppeln; blenden
to lose one's sight	das Augenlicht verlieren
to gas	vergasen
the field hospital	das Feldlazarett
to have a leg amputated	ein Bein amputiert bekommen

to come home in a body bag	in einem Leichensack nach Hause kommen
to be buried with full military honours	mit allen militärischen Ehren beigesetzt werden

Your Words, Your World: The nuclear age was ushered in at frightening speed between 1945 and 1960. In 1945 came the new words 'A-bomb', 'nuclear bomb', 'cold war' and 'iron curtain' *eiserner Vorhang*. In 1950 came 'H-bomb' and 'fall-out' *radioaktiver Niederschlag*. There then followed 'megaton' 1952, 'intercontinental ballistic missile' (ICBM) 1956, the 'nuclear club' 1957 and 'overkill' 1958. By 1960 'mutually assured destruction' (MAD) had been reached.

17 UNIT School, University, Didactics and Education

Youngsters smell defeat at once. The stuffed shirt or anxious conformer never takes them in. They arrive at college hoping for genial madmen, who don't care a damn, fellows who will clarify their young dreams and then pass out lasting ammunition to defend them. J. B. PRIESTLEY, 1957

School: the Basics

to attend school, go to school	die Schule besuchen, zur ~ gehen
to have begun school	bereits eingeschult sein
to be of school age, schoolable	im Schulalter, schulfähig sein
the school-beginner	der ABC-Schütze, die ~in
the new intake	die neuen Schüler(innen)
the school-leaver	der/die Schulabgänger(in)
education; training	die Bildung; die Ausbildung
schooling	die Schulung
schooldays	die Schulzeit, die Schuljahre
the schoolchild, ~boy, ~girl; pupil	der/die Schüler(in)

Weigh Your Words: A 'schoolchild' is a *Schüler(in)* seen from the child's point of view. A 'pupil' is the same young person seen from the point of view of the teacher, of the authorities or of statistics. It is now characteristic to term older pupils 'students'. The older words *Zögling* and *Eleve* are perhaps best rendered by 'pupil'.

the classmate	der/die Klassenkamerad(in)
compulsory education	die Schulpflicht
full-time education/schooling	die Vollzeitschulung
to skip school, play truant	die Schule schwänzen

School Facilities

the facilities	die Einrichtungen, Anlagen
the school building	das Schulgebäude
the (covered) playground	der (überdachte) Schulhof
the playing field(s)	der Sportplatz, das Sportfeld
the gymnasium FF	die Sport-, Turnhalle
the school library	die Schulbücherei, -bibliothek
well-equipped, poorly ~	gut/schlecht ausgestattet
well-funded, well-endowed	finanziell gut gestellt

Types of School

the primary/secondary school	die Grund-, weiterführende Schule
the (pre-school) play group	die Krabbelgruppe, -kiste
the kindergarten	der Kindergarten
the infant/junior school BrE	die Vor-, Grundschule
the college	das College, die Akademie
the all-day school	die Ganztagsschule
the boarding school, the boarder	das Internat, der I~sschüler

	the Steiner school	die Waldorf-Schule
	the catchment area	das Einzugsgebiet
British Schools	the grammar school	*etwa* das Gymnasium
	the technical school	*etwa* die Realschule
	the secondary modern school	*etwa* die Hauptschule
	the comprehensive school	die Gesamtschule
	the streamed comprehensive school	die integrierte Gesamtschule
	the non-streamed comprehensive ~	die additive Gesamtschule
	the sixth-form college	das Oberstufenkolleg
	the High School FF	die High-School
	the tertiary sector	weiterführende Schulen
	the maintained school	die staatliche Schule
Private Education	the private/independent school	die Privatschule
	the public school FF	die traditionsreiche Privatschule
	the direct grant school (DGS)	staatlich subventionierte Privat~

Weigh Your Words: Strictly speaking, British 'public schools' FF are those non-state schools whose heads are members of the prestigious Head Masters' Conference (fd 1869). Of these there are some 550. Other non-state schools are merely 'independent' or 'private'. 'Direct grant schools' existed from 1921 to 1975.

School Organisation	the board of governors	der Verwaltungsrat
	headteacher, headmaster/~mistress, the principal, the head	der/die Direktor(in) FF, Schuldirektor(in)
	the school prefect	der/die Vertrauensschüler(in)
	a class representative/spokesperson	ein(e) Klassensprecher(in)
Forms, Classes	the form, class, AmE grade	die Schulklasse, Altersstufe
	to be kept down a year, repeat a ~	sitzenbleiben
	to move up a year, to be 'removed'	versetzt werden

Weigh Your Words: In Britain, classes tend to be called 'forms' and are numbered from 'First Form' (age 11) to 'Sixth Form', including often 'Lower Sixth' and 'Upper Sixth', (ages 17—18). In America, classes are known as 'grades' and numbered consecutively throughout school life from 'first grade' to 'tenth grade'.

Curriculum	the curriculum	das Curriculum
	the syllabus	der Lehrplan, die Richtlinien
	the attainment targets/objectives	das Klassenziel
	the level of attainment	das Leistungsniveau
Key Subjects	the school subject	das Schulfach
	the core curriculum	die Kernfächer
	the 3 R's (Reading, Writing, Arithmetic)	Lesen, Schreiben, ‚Mathe'

	Mathematics	Mathematik, ‚Mathe‘
	Physics, Chemistry	Physik, Chemie
	History, Geography	Geschichte, Erdkunde
	Biology	Biologie, ‚Bio‘
	Social Studies	Gemeinschaftskunde, ‚Gk‘
	Foreign Languages	Fremdsprachen
	Art, Art History	Kunst, Kunstgeschichte
	Physical Education, 'PE'	Sport
	Religious Education, 'RI/RE'	Religion, Religionsunterricht

Whence and Why: Only since 1988/9 has Britain had a national curriculum. The core subjects are: English, Mathematics, Science. The 'foundation subjects' are those three, plus Technology (incl. Design), History, Geography, Music, Art, Physical Education and – in secondary school – a modern Foreign Language. The 'basic curriculum' is the above, plus Religious Education.

Scope	the rudiments, the basics	die Grundlagen, G~kenntnisse
	shallow, superficial	seicht, oberflächlich
	knowledge in depth	tiefgehende Kenntnisse
	wide-ranging, far-reaching	weitreichend
Assessment	assessment, testing, evaluation	die Leistungskontrolle, die Evaluierung
	the test, reported assessment	*etwa* die (Klassen)Arbeit
	the exam; the school-leaving exam	die Prüfung; die Abschluss~
	GCSE 'O'-Level	*etwa* die mittlere Reife
	GCSE 'A'-Level	*etwa* das Abitur

Weigh Your Words: Since the major reforms of the late 1980s, British schoolchildren have had regular 'reported assessments'. These are becoming a relatively close cultural equivalent to the previously untranslatable German *Klassenarbeiten*.

	a centrally marked exam	eine extern korrigierte Prüfung
	the school inspector	der Schulinspektor
Types of Teacher	the (teaching) staff	das Lehrpersonal, der L~körper
	junior, senior teacher	*etwa* der/die Studienrat(ätin), Ober~
	supply teacher	der/die Aushilfslehrer(in)
	trainee teacher	*etwa* der/die Referendar(in)
	to do a TP (teaching practice)	ein Schulpraktikum machen
	the exchange assistant	der/die Austauschassistent(in)
	a mentor	ein Mentor; ‚weiser Ratgeber‘
	schoolmaster, (*arch.*) crammer	der Pauker
	schoolma'am (*arch.*)	die Schulmeisterin
	the private instructor	der Privatlehrer

	the coach, private tutor private lessons, private coaching	der/die Nachhilfelehrer(in) die Nachhilfe, der N~unterricht
Quality of Teaching	stimulating, motivating gripping; inspirational imbued with his/her subject innovative didactically well thought-out over-loaded uninspiring, dull, dreary, 'draggy' in-service training	animierend, motivierend fesselnd; inspirierend vom Fach beseelt innovativ didaktisch durchdacht überfrachtet, überladen wenig inspirierend, dröge die Lehrerfortbildung
Teaching Approaches	to educate; to train to impart/convey information arouse/infuse interest to encourage, stimulate computer-assisted learning student-centred to edify, edifying to learn by heart/by rote to spoon-feed, spoon-feeding to drill sth. in; to cram teaching from the front to instil, inculcate sth. to indoctrinate	erziehen, bilden; ausbilden Informationen vermitteln Interesse wecken ermutigen, animieren computergestütztes Lernen schülerzentriert erbauen, erbaulich auswendig/mechanisch lernen jdm. etwas ‚vorkauen', das ‚V~n' etwas eintrichtern; pauken der Frontalunterricht jdm. etwas anerziehen indoktrinieren
Language Teaching	the direct method communicative competence the bilingual approach	die einsprachige Methode die Diskurstüchtigkeit, -fähigkeit der bilinguale Ansatz/ Unterricht
Types of Pupil	the ace pupil AmE top boy, top girl top pupil the swot, 'greaser' the class wit, class joker the slouch, dope, drip to lag behind, miss the boat, lose touch the thickie, (*arch.*) dunce the bully the underachiever	das As der/die Jahrgangs-, Klassenbeste (*arch.*) der Primus/die Prima der Streber der Klassenkasper der/die ‚Lahmarschige' hinterherhinken, den Anschluss verlieren die ‚Flasche', die ‚Niete' der Quälgeist der Schulschwache, -versager
see § 4	studious; receptive diligent, industrious above/below-average, average unbalanced, maladjusted to disturb, disrupt lessons	lernbegierig; aufnahmefähig fleißig über/unterdurchschnittlich, d~ verhaltensauffällig den Unterricht stören

Aptitude	aptitude	die Eignung
	the ability	die Fähigkeit
	the talent	das Talent, die Begabung
	to bring out talent	Talent entdecken und fördern
Essential Didactic Terms	didactics; pedagogics	die Didaktik; die Pädagogik
	a new approach	ein neuer Ansatz
	the phases of a lesson	die Unterrichtsphasen
	the attention curve	die Aufmerksamkeitskurve
	the attention span	die Aufmerksamkeitsspanne
	the teaching unit	die Unterrichtseinheit
	the assignment, task	die Aufgabe
	the attainability of learning goals	die Erreichbarkeit von Lernzielen
	motivated, demotivated	motiviert, misserfolgsmotiviert
	teaching aids	die Lehrmittel
	silent/quiet working phase	die Stillarbeitsphase
	gratification techniques	die Belohnungsmethoden
	error analysis, the error quotient	die Fehleranalyse, der F~quotient
	the pressure to achieve	der Leistungsdruck
Pupil Participation	to take an active part in lessons	am Unterricht rege teilnehmen
	to do group work	Gruppenarbeit machen
	the learner as leader	der leitende Lerner
	project work	die Projektarbeit
	learning through discovery	das entdeckende Lernen
	the role-play, the simulation	das Rollenspiel
Classroom Atmosphere	classroom discourse	das Klassengespräch
	classroom climate	die Unterrichtsatmosphäre
	class size	die Klassengröße
	stimulus	die Anregung
	cultural immersion	die zielkulturelle Atmosphäre

Learning does not consist, as the schools now make it consist, in the knowledge of languages, but in the knowledge of things to which language gives names. The Age of Reason (1794) THOMAS PAINE

	getting the students going	schüleraktivierend
	creative interaction	die kreative Interaktion
	individualizing approach	die Binnendifferenzierung
	the leader as learner	der lernende Leiter
	the silent way	die stille Methode
	engrossed, absorbed	voll in Anspruch genommen
Discipline	discipline	die Disziplin, (*arch.*) Zucht
	to discipline a pupil	bestrafen, disziplinieren
	to put in detention, to be in ~	nachsitzen lassen, nachsitzen
	a disciplinarian	ein strenger Lehrer

Going to University

to gain a place at university	einen Studienplatz bekommen
UCAS	die ZVS
to be summoned to interview, called to an interview	zu einem Vorstellungsgespräch eingeladen werden

Whence and Why: It is traditional to divide British universities into the 'ancient universities' (Oxford and Cambridge, est. 1167, 1209) the 'civic universities' (Leeds, Manchester etc. est. late C 19th) the 'red-brick universities' (est. 1920s) the 'plate glass universities' (est. 1960s) and the former polytechnics (*die ehemaligen Fachhochschulen*), which were allowed to assume university status in 1992. In America, the 'ivy league' is the group of prestigious old-established universities (Harvard, Yale, Princeton, Cornell etc.).

entry/admission requirements	die Zulassungsbedingungen
one's major; one's subsidiary	sein Hauptfach; sein Nebenfach
a joint honours course	ein kombinierter Studiengang
a sandwich course	S~g mit Praktikum mittendrin
the study module	das Studienelement
restricted entry	numerus clausus, ‚nc'/‚NC'
tuition fees	die Studiengebühren
the grant; the loan	das Stipendium; das Darlehen
to immatriculate; AmE to enroll	sich einschreiben

Studying

the lecture list	das Vorlesungsverzeichnis
to attend a course/seminar	einen Kurs/ein Seminar belegen
the lecture; guest lecture	die Vorlesung; der Gastvortrag
the lecture theatre, main lecture ~	der Hörsaal, das ‚Audimax'

Ways with Words: Among the several idioms originating from this area are: to lecture s.o. *jdm. eine Standpauke halten* – 'to tell tales out of school' *aus der Schule plaudern* – 'in a class of its own' *eine Klasse für sich* – 'I've learnt my lesson' *Ich habe meine Lektion gelernt* – 'You live and learn' *Man lernt nie aus* – 'Can I tour your facilities?' *Darf ich Ihr Badezimmer aufsuchen?* – 'May this be a lesson to us all' *Dies sei uns allen eine Lehre* – 'the school of hard knocks' *die harte Schule des Lebens*

the supervision, the tutorial; to supervise	die persönliche Betreuung bzw. Betreuungsstunde; betreuen
to skip a course, skive off	einen Kurs schwänzen
the drop-out	der/die Studienabbrecher(in)
to burn the midnight oil	tief in die Nacht hinein arbeiten
to give a presentation	ein Referat halten
to cobble together at the last minute	in letzter Minute zusammenschustern
to make an oral contribution	einen mündlichen Beitrag leisten
to revise for a test; to swot	für eine Klausur lernen; pauken
to form a learning group	eine Arbeitsgruppe bilden

	to form a reading group	einen Lesekreis bilden
	continuous assessment, ~ evaluation	fortwährende Leistungsbeurteilung
	to sit an exam	eine Klausur schreiben
	the academic year	das akademische Jahr
	vacation	die vorlesungsfreie Zeit
	the long vacation, 'long vac'	die Sommerferien
	to do one's finals	seinen Abschluss machen
	to pass, with flying colours	bestehen, mit fliegenden Fahnen
	to 'fluff', 'muck up' the exam	das Examen ‚vergeigen'

Wordwise: 'to take a First' *eine Eins bekommen* – 'with distinction' *mit Prädikat* – 'to get a II,1, ('a two-one')/a II,2' ('a two-two') *eine Zwei/Drei bekommen* – 'to take a Third' *eine Vier bekommen*

	to fail, AmE to flunk	durchfallen
	to be ploughed, get ~	durchrasseln
	the consultation hour, office hours	die Sprechstunde
Writing a Paper	to write a (seminar) paper	eine (Seminar-) Arbeit schreiben
	the year abroad paper	die Auslandsarbeit, Belegarbeit
	to assemble the bibliography	die B~ zusammenstellen
	to 'slave away' at a paper	sich mit einer Arbeit herumquälen
	to write one's fingers to the bone	sich die Finger wund schreiben
	to dash off an essay	einen Essay herunterhauen
	to write an essay at the drop of a hat	einen ~ aus dem Ärmel schütteln
	to conjure up out of nothing	sich aus den Fingern saugen
	to stare disconsolately at the screen	den Bildschirm trostlos anstarren
	to suffer from writer's block	an einer Schreibblockade leiden
University Staff	the don, the academic [FF], university teacher	der/die Dozent(in), der/die Hochschullehrer(in)
	the junior lecturer	der wissenschaftliche Mitarbeiter
	the lector (rare fem.: lectrice)	der/die Lektor(in)
	the professor	der/die Professor(in)
	the (acting) Head of Department; to be acting Head of Department	der/die geschäftsführende Direktor(in); die Geschäftsführung haben
	Dean of Faculty	der/die Dekan(in)

Weigh Your Words: Given the wide differences between the British and German (and the British and American) university systems, it is possible only to give inexact cultural equivalents for university posts and ranks: senior lecturer *Akademische(r) Oberrat/Rätin* – Reader *C3-Professor(in)* – holder of a chair *Lehrstuhlinhaber/C4-Professor(in)*.

	the students' chaplain	der/die Studentenseelsorger(in)
see § 12	a tenured post, post with tenure	eine unbefristete Stelle
	to grant tenure, the granting of ~	entfristen, die Entfristung
	to deliver a lecture	eine Vorlesung halten
	to hold/give a seminar	ein Seminar halten bzw. anbieten
A University Career	the fresher	der/die Erstsemester(in)
	the undergraduate, undergrad	S~ vor dem ersten Abschluss
	to gain/take a degree, to graduate	abschließen
	the postgraduate, postgrad	der/die Student(in) mit Abschluss
	to do a doctorate; the doctoral thesis	promovieren; die Doktorarbeit
	the doctoral viva	das Rigorosum, die Disputation
	the 'habilitation'	die Habilitation
	major publications	wichtige Publikationen
	commitment to/in teaching	Engagement in der Lehre
	the appointment committee	die Berufungskommission
	to be shortlisted	in die engere Wahl kommen
	the trial lecture; to give a trial lecture	der Probevortrag, das ‚Vorsingen'; ‚vorsingen'
	to be appointed to a professorship	einen/den Ruf bekommen
University Depts	the Department	das Institut, die Abteilung
	the Faculty	der Fachbereich, die Fakultät
	the Law Faculty	der Fachbereich Jura
	the Faculty of Modern and Mediaeval Languages and Literature	der Fachbereich Sprachen – Literaturen – Kulturen
The College	the quadrangle, 'quad', court	der Innenhof
	the porter's lodge	das Pförtnerhaus
	the refectory, buttery, dining hall	der Speisesaal
	the library	die Bibliothek
University Offices	the International Office	das Akademische Auslandsamt
	the Accommodation Office	das Wohnheimamt
	the Students' Union	das Studentenwerk, Asta/StuRa
	the Deanery, Dean's Office	das Dekanat
	the Vice Chancellor's Office	das Präsidialamt, Rektoralamt
Key Bodies	the student faculty representatives	die Fachschaft
	the Faculty Board	der Fachbereichsrat
	the Senate	der Senat
	the professorial body	das Konzil
	the examination board	der Prüfungsausschuss
Student Life	the hall of residence	das Studentenwohnheim
	to live in hall, to 'live in'	im Wohnheim wohnen
	the warden	der Wohnheimleiter

student pad	die (Studenten-)Bude
lodgings, (*arch.*) digs	Studentenunterkunft in der Stadt
the house/flat-share/sharing scheme	die Wohngemeinschaft, ‚WG‘
the canteen, refectory, buttery	die Mensa FF
freshers' week, orientation week	die Einführungswoche
town-gown problems/riots	Probleme/Keilereien zw. Studierenden und Bürgern

Your Words, Your World: 'School' is an ancient word, present already in Aelfric's *Saints' Lives* of *c.* 1000. 'Grammar school' in the sense of Latin school has emerged by 1387, but takes on its current sense only with the Education Act of 1944. Similarly, 'public school' in the meaning of 'not private school' is present by 1580, but assumes its present, opposed meaning only in the 1860s. After Froebel's coinage in German in 1840, 'kindergarten' enters English swiftly by 1852. 'Vniuersite' emerges around 1300 and 'faculty' in the sense of 'department at university' 1387 interestingly pre-dates the meanings *Fähigkeit* 1490 and *Vermögen* 1500. A 'dig' was a 'diligent but plodding student' 1849: 'digs' as student dwellings emerged only around 1893 and are nowadays already on the way out.

18 UNIT Language and Linguistics

Sprache-Lernen ist etwas Höheres als Sprachen-Lernen; und alles Lob, das man den alten Sprachen als Bildungsmitteln erteilt, fällt doppelt der Mutter-Sprache anheim, welche noch richtiger die Sprach-Mutter hieße. Levana oder Erziehlehre, 1806/7 JEAN PAUL

Language, Languages

language	die Sprache
speech, spoken language	die (gesprochene) Sprache
to speak; to be silent/fall silent	sprechen, reden; schweigen
to communicate	kommunizieren
interaction	die Interaktion
the mother/native tongue	die Muttersprache
the vernacular; vernacular	die Landessprache; einheimisch
the universal language, *lingua franca*	die Universalsprache, Verkehrs~
multi-lingualism	die Mehrsprachigkeit
usage	der (korrekte) Sprachgebrauch

Weigh Your Words: It is important to distinguish between 'use' and 'usage' – all the more so since it is difficult to render the difference in German. One's 'use of language' is one's *persönlicher Sprachgebrauch*. 'Usage', however, is the correct, or at least habitual, use of words, grammar etc. *Im gewöhnlichen Sprachgebrauch* is 'in everyday/common usage'.

parlance	die Ausdrucksweise, Sprache
(the) 'lingo'	Kauderwelsch, Fachjargon
idiom	die Spracheigentümlichkeit(en)
the Yorkshire idiom	die Mundart Yorkshires

A language is a dialect that has an army and a navy. MAX WEINREICH

the vocabulary	der Wortschatz, das W~heft

Basic Elements of Language

the syllable, the polysyllable	die Silbe, das vielsilbige Wort
the phoneme	das Phonem
the lexeme	das Lexem
the morpheme	das Morphem
the affix, prefix, suffix	das Affix, Präfix, Suffix
the ending	die Endung

Word Classes

the noun, substantive	das Hauptwort, das Substantiv
the article; definite, indefinite	der Artikel; bestimmt/unb~
the pronoun	das Pronomen, das Fürwort
the adjective	das Adjektiv, Beiwort [FF]
the adverb	das Adverb
the numeral	das Zahlwort
the verb; transitive, intransitive	das Verb; transitiv, intransitiv

	tense	die Zeit(form), das Tempus
	aspect	der Aspekt
	the mood	der Modus
Sentence Fractions	the subject, object, predicate	das Subjekt, Objekt, Prädikat
	case	der Kasus
	person, third person singular	die Person, dritte P~ Singular
	nominative, accusative	der Nominativ, Akkusativ
	the subject case, object case	der Subjekt-, Objektkasus
	genitive, dative, vocative	der Genitiv, Dativ, Vokativ
	gender	das Genus
	the main clause, subordinate clause	der Hauptsatz, Nebensatz
	the sentence structure, syntax	der Satzbau, Regeln für den S~
	punctuation, to punctuate	Zeichensetzung, Satzz~n setzen

British and American punctuation marks are called: & the ampersand / ' the apostrophe / ( ) brackets, parentheses / [ ] square brackets / : the colon /– the dash *der Gedankenstrich* /. full stop, period / … suspension periods / ! the exclamation mark / - the hyphen *der Bindestrich* / " " quotation marks / ; semicolon / / slash, slash mark

	orthography, spelling; new rules for spelling	die Orthographie, die neue Rechtschreibung
	to conjugate, the conjugation	konjugieren, die Konjugation
	to decline, the declension	deklinieren, die Deklination
	grammatical(ly correct)	grammatisch richtig
	ungrammatical	grammatisch falsch
Types of Grammar	case grammar	die Kasusgrammatik
	transformational grammar	die Transformationsgrammatik
	generative grammar	die generative Grammatik
Vocabulary	the word stock	der Wortschatz
	the lexis, the lexicon	die Lexik, das Lexikon
	the thesaurus	der Thesaurus
Word Formation	the word formation	die Wortbildung, -formation
	the compound	das Kompositum
	the clipped word	die Wortzusammenziehung
	the acronym	das Akronym, Initialwort
	the portmanteau word	die Wortkreuzung

Wer nie etwas sagt, vermag im gegebenen Augenblick auch nicht zu schweigen. Nur im echten Reden ist Schweigen möglich. Sein und Zeit, MARTIN HEIDEGGER

the blend, blendword	das Mischwort, die W~mischung
the eponym	das Eponym
the new coinage, the neologism	die Neuprägung
newfangled	neumodisch

	the archaism	der Archaismus
	obsolete, archaic	veraltet, überholt, obsolet
	the hybrid word	das Hybridwort

Types of Word	the byword FF (for)	das Sprichwort, der Inbegriff
	the buzzword, vogue/fad word	das Modewort
	the catchword, catch phrase	das Stich-, Schlagwort, die Parole
	the watchword	die Losung, die Parole
	the pet expression	der Lieblingsausdruck

Ways with Words: 'That's your pidgin' *Das ist deine Sache* – 'He's a man of few words' *Er macht nicht viele Worte* – 'by word of mouth' *mündlich, durch Mundpropaganda* – 'She's a byword for profligacy' *Sie ist der Inbegriff der Verschwendungssucht* – 'They are not on speaking terms' *Sie sprechen nicht (mehr) miteinander* – 'to pronounce on sth.' *sich äußern zu einer Sache* – 'the car stuttered to a halt' *Der Wagen kam holpernd zum Stehen* – 'to speak one's mind' *seine Meinung frei äußern* – 'to weigh one's words' *seine Worte abwägen*

	a pejorative	abschätziges Wort, Pejorativum
	the nonce word	die Ad-hoc-Bildung
	the tongue-twister, 'jawbreaker'	der Zungenbrecher

Types of Phrase	the idiom	die Redewendung
	the proverb; the saying	das Sprichwort; der Spruch
	the slogan	die Parole
	the cliché	das Klischee; die Worthülse
	hackneyed	abgedroschen
	the hyperbole, exaggeration	die Übertreibung

Wenn man das Element der Intention aus der Sprache entfernt, so bricht damit ihre ganze Funktion zusammen. LUDWIG WITTGENSTEIN

	the understatement, the litotes	die Untertreibung
	the euphemism	der Euphemismus

Meanings	the homonym	das Homonym
	the antonym	das Antonym
	the synonym, synonymous	das Synonym, gleichbedeutend
	the 'false friend', deceptive cognate	der ‚falsche Freund'

Types of Language	figurative	bildhaft
	poetic	poetisch, dichterisch
	laconic	wortkarg, lakonisch

Die Wortkargen imponieren immer. MARIE VON EBNER-ESCHENBACH

	nonformal, uneducated	nicht-förmlich, ungebildet
	substandard	umgangssprachlich
	colloquial, colloquialism	u~sprachlich, u~e Wendung
	demotic speech	die Sprache des Volkes

	a vernacularism	ein volkstümlicher Ausdruck
	a provincialism, regionalism	regional bedingte A~sweise
	word-play, paronomasia	das Wortspiel
Word History	etymology	die Etymologie
	the etymological derivation	die etymologische Herkunft
	folk etymology, popular ~	die Volksetymologie
	the root	das Stammwort, Wurzelwort
	the loan word; ~translation, calque	das Lehnwort; die ~übersetzung
	the borrowing	die Entlehnung
Dialects, Varieties	the regional dialect	der regionale Dialekt
	the variety of English	die Varietät des Englischen
	Cockney	Cockney (-dialekt, -aussprache)
	slang, a slang expression	der Slang, Slang-Ausdruck
	argot, patois	das Argot, der Slang
	creole	kreolische Sprache
	pidgin English, 'talkee-talkee'	das Pidgin-Englisch
Pronunciation	pronunciation, to pronounce	die Aussprache, aussprechen
	to stress; first syllable stress	betonen; die Erstbetonung
	the cadence, intonation, tone	der Tonfall
	the individual sound	der einzelne Laut
	the fricative	der Reibelaut, Engelaut
	the plosive	der Verschlusslaut
	the affricate	der Affrikat
	the diphthong	der Diphthong, Zwielaut

Whence and Why: Received Pronunciation – 'RP', as it is often called – is a product of the public schools of the mid- to later C 19th, subsequently spread by the many institutions in which their former students were omnipresent, notably government, army, Empire and the broadcasting services. 'RP' was, in Randolph Quirk's words, 'eminent and eminently imitable'. Among the many other terms used for it are 'the Queen's English', 'Oxford English', 'BBC English' and the 'superdialect'.

Pronunciation	the glottal stop	der Knacklaut, Glottis-Schlag
Speaking	to enunciate clearly	deutlich aussprechen
	to trumpet forth	ausposaunen
	to stutter, stammer	stottern, stammeln
	to babble, speak thickly	lallen
	to mumble	murmeln, nuscheln
	to gabble	plappern, ‚herunterleiern'
Historical Language	the lost language	die verschollene Sprache
	the dead, living language	die tote, lebende Sprache
	the sound shift	die Lautverschiebung
	language change	der Sprachwandel

Language Learning	language acquisition, foreign language learning/acquisition	der Sprach-, Fremdsprachenerwerb
	to speak several languages/tongues	mehrere Sprachen sprechen
	to be trilingual, multilingual	drei-, mehrsprachig sein

Quot linguas quis callet, tot homines valet. CHARLES V
[*So viele Sprachen einer kann, so viele Mal ist er ein Mensch.*]

	polyglot, the polyglot	mehrsprachig, der/die Polyglotte
	the language barrier	die Sprachbarriere
Quality of Language	clarity	die Klarheit, Deutlichkeit
	diffuseness	die Unklarheit
	succinctness, pithiness, concision	die Prägnanz
	diffusiveness, long-windedness	die Weitschweifigkeit
	the circumlocution	die Umschreibung
	brevity	die Kürze
	pointedness, sententiousness	die Pointiertheit

The more languages a man can speak,/His talent has but sprung the greater leak. Hudibras, SAMUEL BUTLER I

	ambiguity, ambivalence	die Mehrdeutigkeit, Ambivalenz
	double entendre	die Zweideutigkeit
	obfuscation	die (bewusste) Verwirrung
	redundance	die Redundanz
	mere verbiage	der bloße Wortschwall
see § 23	gobbledygook, Double Dutch	der (Berufs-)Jargon
	bureaucratese	‚Beamtenchinesisch‘

Wordwise: The jargon of virtually any field can be expressed pejoratively by adding the suffix '-ese' to the appropriate substantive or adjective. Common examples are: 'journalese', 'medicalese', 'acadamese', 'sociologese', 'pedagese', 'officialese', 'Pentagonese', 'cinemese' etc.

	woffle, waffle	das Geschwafel
	bullshit, balderdash	Quatsch/Müll/Stuss
Rhetoric	the sonorous period	die klangvolle Periode
	the anaphora	die Anapher
	the collocation	die Kollokation
	the assonance, alliteration	die Assonanz, Alliteration
	the chiasmus	der Chiasmus
	to stir an audience	die Zuhörer rühren

Nichts ist schwerer, nichts erfordert mehr Arbeit, mehr Kultur, mehr Zucht, als einfache Sätze unvergeßlich zu machen. [...] Die Worte mit der Wurzel ausgraben: das ist Literatur. KURT TUCHOLSKY

	to stir up	aufwiegeln
	to speak with tongues of angels	mit Engelszungen reden

Linguists

the linguist	der/die Linguist(in)
the linguistic scientist	der Sprachwissenschaftler
the philologist	der/die Philologe(gin)
the grammarian	der/die Grammatiker(in)
the etymologist	der/die Etymologe(-in)
the lexicographer	der/die Lexikograph(in)
the phoneticist, phonetician	der/die Phonetiker(in)

Weigh Your Words: Note that a 'linguist' can also be a *Neuphilologe(gin)*, a *Fremdsprachler(in)*, a *Sprachkundige(r)*. 'She's a good linguist' frequently means *Sie ist sprachbegabt*.

the semanticist	der/die Semantiker(in)
the pragmatist	der (Sprach-)Pragmatiker
the purist	der Sprachpurist
the language reformer	der Sprachreformer, -neuerer

Among the many sub-disciplines of linguistics are: socio-linguistics *die Soziolinguisik* – psycholinguistics *die Psycholinguistik* – semantics *die Semantik* – discourse analysis *die Diskursanalyse* – ethnolinguistics *die Ethnolinguistik* – stylistics *die Stylistik* – pragmatics *die Pragmatik* – text linguistics, text theory *die Textlinguistik, Texttheorie* – macro-, microlinguistics *die Makro-, Mikrolinguistik* – toponomy *die Ortsnamenkunde*

Key Terms

the elaborated/restricted code	der elaborierte/restringierte Code
the sociolect; the idiolect	der Soziolekt; der Idiolekt
the speech act	der Sprechakt
language behaviour	das Sprachverhalten
langue; *parole*	*langue*; *parole*
linguistic performance	die Sprachperformanz

Your Words, Your World: While historical linguists can examine phenomena which date back over the ages, 'linguistics' itself is one of their younger exhibits. There is, admittedly, the extinct word 'linguistic' – 'We may call the science of language 'linguistic', as it is called by the best German writers' 1837 – but 'linguistic science' dates only from 1922 and 'linguistics' from 1938. A term such as 'sociolect' 1972 is even younger. Nevertheless, 'a linguist' in the sense of a 'student of languages' goes back to 1641 and as one 'skilled in the use of languages' is found appropriately in Shakespeare 1591. Almost as old are 'lexicographer' 1658 and 'etymologist' 1635, while 'grammarian' goes back at least to Wyclif 1380. Needless to say 'language' 1290 pre-dates them all and is itself pre-dated by 'speech' c. 725.

19 UNIT Translation and Translation Studies

Of all literatures [...] the German has the best as well as the most translations. TH. CARLYLE

Translation: the Basics	to translate, the translator	übersetzen, der/die Übersetzer(in)
	to interpret, the interpreter	dolmetschen, der Dolmetscher
	translational	translatorisch
	translational activity, the t~ act	das translatorische Handeln
	the material to be translated	das Translat
	the translation text	der Übersetzungstext
	the source text (ST)	der Ausgangstext (AT)
	the target text (TT)	der Zieltext (ZT)
	the source language (SL)	die Ausgangssprache (AS)
	the target language (TL)	die Zielsprache (ZS)
	to render into a foreign language	in eine Fremdsprache übertragen
	the rendition	die Übertragung, Wiedergabe
	to put into English, turn into ~	ins Englische übertragen/ -setzen
	translatability	die Übersetzbarkeit
	It translates well/easily	Es lässt sich gut/leicht übersetzen
	faithfulness to the original	die Treue zum Original
Types of Translation	literal, word-for-word, slavish	wörtlich, wortwörtlich, sklavisch
	the interlinear/-lineal version	die interlineare Version
	the free/loose translation	die freie Übersetzung
	sight translation	das Vom-Blatt-Übersetzen
	on/at sight	aus dem Stegreif
	the creative paraphrase	die kreative Umschreibung
	to paraphrase	paraphrasieren
	the rough translation	die Rohübersetzung
	the gist translation	die Übersetzung des Hauptinhalts
Translation as Process	the producer	der/die Produzent(in)
	the assignment	der Auftrag
	the recipient	der/die Empfänger(in)
	the addressee	der/die Adressat(in)
	the target audience	das Zielpublikum
Problems of Translation	the lack of equivalence	die fehlende Äquivalenz
	the 'false friend', deceptive cognate	der ‚falsche Freund', die Scheinentsprechung

	the interference-induced error	der Interferenzfehler
	untranslatable	unübersetzbar

Der Geist einer Sprache offenbart sich am deutlichsten in ihren unübersetzbaren Worten. MARIE VON EBNER-ESCHENBACH

Meaning	denotation	die Denotation
	connotation	die Konnotation
	connotative, associative	konnotativ, assoziativ
	the affective meaning	die affektive Bedeutung
	to interpret, construe	auslegen, deuten
	How do you interpret this passage?	Wie deuten Sie diese Stelle?
Text Type/ Category	the text type; text category	die Textsorte/-art; der Texttyp
	the text family	die Textfamilie
	informative, expressive, operative	informativ, expressiv,operativ
	multi-functional	multifunktional
	the overlapping of functions	die Funktionsüberlagerung
Qualities of Texts	coherence	die Kohärenz
	cogency	die Schlüssigkeit
	a clear thread (running through)	ein roter Faden
	an intertextual reference	eine intertextuelle Referenz
	the register	das Register
	text features	Textmerkmale
Essential Text Types	the document	die Urkunde
	advertising material	das Werbematerial
	the brochure; the leaflet	die Broschüre; das Faltblatt
	the prospectus	der Prospekt FF
	the operating instructions	die Bedienungsanleitung
	the instructions for use	die Benutzerhinweise
	the manual	das Handbuch
	business correspondence	die Geschäftskorrespondenz
	the (business) contract	der (Geschäfts-) Vertrag
	terms and conditions of business	Geschäftsbedingungen
	the report	der Bericht; das Gutachten
	the personal reference	das Gutachten
	the academic article	der wissenschaftliche Beitrag
	the minutes	das Protokoll FF
	the speech, talk	die Rede, Ansprache
	the film script; the subtitles	das Drehbuch; die Untertitel
Other Text Elements	the illustration	die Abbildung
	the graph, curve	die Kurve
	the table, chart	die Tabelle

Ways with Words: Among the idioms deriving from this field are: 'to translate ideas into action' *Gedanken/Ideen in die Tat umsetzen* – 'His lead in the polls translated into a landslide victory' *Sein Vorsprung in den Meinungsumfragen schlug sich in einem Erdrutschsieg nieder* – 'She's a walking/living dictionary' *Sie ist ein wandelndes Lexikon* – 'a slavish imitation' *eine sklavische Nachahmung* – 'They are on a learning curve' *Sie ziehen Lehren aus der gemachten Erfahrung* – 'It's open to interpretation' *Es lässt einige Deutungen zu*

	the diagram (diag.), figure (fig.)	das Diagramm, die graphische Darstellung, das Schaubild
	the caption	die Bildunterschrift
Types of Interpreting	simultaneous interpreting	das Simultandolmetschen
	consecutive interpreting	das Konsekutivdolmetschen
	whispered interpreting	das Flüsterdolmetschen
	court interpreting	das Gerichtsdolmetschen
	conference interpreting	das Konferenzdolmetschen
	community/liaison interpreting	das Behördendolmetschen
	sign language interpreting	das Gebärdensprach-dolmetschen
The Act of Interpreting	the interlocutor	der/die Gesprächspartner(in)
	the attention span	die Aufmerksamkeitsspanne
	the time lag	die Zeitverzögerung
	the sense of situation	das Situationswissen
	extra-lingual factors	außersprachliche Determinanten
	note-taking	das Notizenmachen
	the interpreting strategy	die Dolmetschstrategie
Translation Studies	translation studies	die Translationswissenschaft
	translatology	die Translatologie
	the Tower of Babel	der Turm zu Babel, Babelturm
Schleiermacher	the domesticating approach	die einbürgernde Methode
	the alienating approach	die verfremdende Methode
	to foreignize	verfremden
	to naturalize	einbürgern
	ethnodeviant	verfremdend
	ethnocentric	einbürgernd, ethnozentrisch
Equivalence	equivalence	die Äquivalenz
	formal/dynamic equivalence	die formelle/dynamische Ä~
	the equivalent	das Äquivalent
	the meaning match	die Sinnentsprechung

No two languages exhibit identical structures of organizing symbols into meaningful expressions. EUGENE NIDA

	the hendiadal solution	die Eins-durch-Zwei-Lösung
	the absence of meaning match	die Null-Entsprechung
	the translation shift, the shift in meaning	die Ausdrucksverschiebung, die Transposition
	the removal of ambiguity	die Disambiguierung
Specialist Translation	specialist/technical translation	das Fachübersetzen
	the specialist/technical text	der Fachtext
	specialist/technical language	die Fachsprache
The Work of a Translator	the analysis phase, textual analysis	die Analysephase, Textanalyse
	textual understanding	das Textverstehen
	research	das Recherchieren
	transfer	der Transfer
	the optimization of the text	die Textoptimierung

Wer dolmetschen will, muß großen Vorrat von Worten haben, damit er die recht zur Hand haben kann, wenn eins nirgendwo klingen will.
Sendbrief vom Dolmetschen (1530), MARTIN LUTHER

checking for errors/mistakes	das Korrekturlesen
counter-checking	das Gegenlesen
quality checking	das Qualitätslektorat
specialist checking	das Fachlektorat
the remuneration, fee	das Honorar

The Tools of the Translator	the bilingual dictionary	das zweisprachige Wörterbuch
	the specialist dictionary	das Fachwörterbuch
	the terminology database	die Terminologie-Datenbank
	the dictaphone	das Diktiergerät

Das letzte Wort hat die Sprache. HEINZ PIONTEK

see § 24	the work-station	der Computerarbeitsplatz
	the network configuration	die Netzwerkkonfiguration

Your Words, Your World: It is with 'translate' and 'translation studies' as with 'language' and 'linguistics'. As early as *c.* 1300 one finds the statement, 'this ilk bok it es translate In to Inglis tong to rede'; 'translacioun' enters the written language around 1340; and an 'interpertour' is found in 1382 in Wyclif. Concepts such as 'interference' and 'target language', however, are of far younger date – 1940 and 1953 being the first instances recorded in the *OED*. By 1957, 'translationese', 'translatese' and 'translatorese' have emerged to describe the unhappy clumsiness of some translations. But one can look in vain in even the current *OED* on CD-ROM for 'translation studies' or even 'false friend'.

20 UNIT Literature, Literary Criticism and Literary History

Literature, the most necessary of the unnecessary pursuits of mankind. On Realism, J. P. STERN, 1973

Literature

literature, belles lettres	die Literatur
the work/piece of literature	das literarische Werk/Kunstwerk
the complete works, the oeuvre	das Gesamtwerk
the collected works	die gesammelten Werke
the potboiler	die Brot-, Lohnarbeit
the literary canon	der literarische Kanon
the classic[FF]	der Klassiker[FF]

Although they are / Only breath, words / which I command are immortal.
SAPPHO

Modes of Literature

romance; entertaining	die Romanze; unterhaltsam
comedy; reconciliatory	die Komödie; versöhnlich
irony; distanced	die Ironie; distanziert
satire; biting, savage, swingeing	die Satire; bissig, ätzend
tragedy; purging/purifying	die Tragödie; reinigend

Types of Writer

the writer, the man/woman of letters	der/die Dichter(in), der/die Schriftsteller(in)
the poet	der/die Dichter(in), Lyriker(in)
the dramatist, playwright	der/die Dramatiker(in)
the satirist	der/die Satiriker(in)
the pamphleteer	der/die Pamphletenschreiber(in)
the fabulist, fabler	der Fabeldichter, Fabulierer
the free-lance writer	der/die freie Schriftsteller(in)
the scribbler, hack, ink-slinger	der/die Tintenkleckser(in)
the penny-a-liner	der Zeilengeldschreiber
the pseudonym, *nom de plume*	das Pseudonym
to write under a pseudonym, under an assumed name/a *nom de plume*	unter einem Pseudonym schreiben
the occasional novelist	der Sonntagsromancier

The Act of Writing

to write, pen, create	schreiben, kreieren
to compose	besonnen schreiben, dichten
to knock off/dash off a novel	einen Roman hinhauen
to churn out one novel a year	alljährlich einen R~ produzieren
a ready pen	ein(e) Schnellschreiber(in)
to have a way with words	mit Sprache umzugehen wissen

Words, as is well known, are the great foes of reality.
Under Western Eyes, JOSEPH CONRAD

	a word smith, word wizard	ein(e) Wortkünstler(in)
	a prolific writer	ein produktiver Schriftsteller
	a small but exquisite output/oeuvre	ein kleines, aber feines Gesamt~
	the authorship	die Autorenschaft
Verse Genres	the epic, the epos, the epopee	das Epos, die Epik, die Epopöe
	the saga	die Sage [FF]
	the ballad, the broadside ballad	die Ballade, die Moritat
	the heroic lay; ode	das Heldenlied; die Ode
	the elegy; the threnody	die Elegie; die Threnodie
	the lament	das Klagelied
	the pastoral	die Pastorale

And as I read more and more, and it was not all verse, by any means, my love for the real life of words increased, until I knew that I must live with them and in them always. I knew, in fact, that I must be a writer of words, and nothing else. DYLAN THOMAS

the eclogue	die Ekloge
lyric poetry	die Lyrik
a eulogy/paean (to love, to beauty)	ein Loblied/Hoheslied (auf die Liebe, auf die Schönheit)
courtly poetry	die höfische Lyrik

Key terms for the moods/tones of poetry are: reflective *nachdenklich* – meditative *meditativ* – didactic *lehrhaft* – ironic *ironisch* – satirical *satirisch* – elegiac(al) *elegisch* – lamenting *wehklagend* – bucolic *bukolisch* – playful *verspielt* – rumbustious *wild-ausgelassen* – pastoral *ländlich-idyllisch* – dithyrambic *dithyrambisch, überschwenglich* – rhapsodic *rhapsodisch*

the sonnet	das Sonett
the rondeau	das Rondeau, Ringelgedicht
the rondel	das 13- od. 14-zeilige Rondeau
the epigram	das Epigramm
the limerick	der Limerick
the (conscious, metric) spoonerism	der Schüttelreim

Poets	the poet	der Dichter, Lyriker, Poet
	the sonneteer, balladeer	der Verfasser von S~, B~

Warum schreibe ich? Weil ich, meine Identität suchend, mit mir deutlicher spreche auf den wortlosen Bogen. Er spannt mich. Ich bin gespannt auf die Wörter, die zu mir kommen wollen. ROSE AUSLÄNDER

the bard; minstrel	der Barde; der Minnesänger
the troubadour	der Troubadour
poetic license	die dichterische Lizenz
poet laureate	der Hofdichter; Dichterfürst

Whence and Why: The holder of the post of 'poet laureate' receives a stipend as an officer of the Royal Household and in return writes poems for royal occasions. The office was first officially conferred on the royalist Dryden in 1668, but the duties had been previously performed by both Ben Jonson and Sir William D'Avenant. Although such major poets as Southey, Wordsworth, Tennyson and Ted Hughes have held the post, it is rarely credited with inspiring great verse.

the occasional poet	der Gelegenheitsdichter
the rhymester	der Reimschmied, Verseschmied
the poetaster, versifier	der ‚Dichterling'

Verse and Worse

doggerel	(*etwa*) der Knittelvers
versemongering, poetastery	die ‚Versschmiederei'
limping/halting lines	hinkende Verse
bathos	falsches Pathos
overblown sentiment, overblown	der Schwulst, schwülstig
bombast	der Bombast, Wortschwall
a jingle	ein Lied-, Verschen; Werbesong

Elements of Poems

the verse, stanza, strophe	die Strophe
the line of verse	der Vers FF
the couplet	der Zweizeiler
the refrain	der Refrain
the metre	das Metrum, das Versmaß
the rhyme, rhyme scheme	der Reim, das Reimschema
the rhythm, cadence	der Rhythmus
the scansion	die Skandierung, die Skansion

A sentence is a sound in itself on which other sounds called words may be strung. ROBERT FROST

to scan well; metricality	gut skandieren; die Metrikalität
the caesura	die Zäsur
the quatrain	der Vierzeiler
the tercet	das Terzett
the enjambment	das Enjambement
the envoy	die Zueignungsstrophe
versecraft, versification	die Versifikation
the figure of speech	die Sprachfigur

Among the essential figures of speech and rhetorical means recurrent in verse are: the simile *das Gleichnis* – the metaphor *die Metapher* – the synecdoche (naming of a part to mean the whole) *die Synekdoche* – the prosopopoeia (personification of abstract thing) *die Prosopopöie* – the onomatopoeia *die Lautmalerei* – the oxymoron (juxtaposition of apparent opposites) *das Oxymoron* – euphony *der Wohlklang, die Euphonie* – pleonasm *der Pleonasmus*

Types of Verse

versification	die Verskunst; der Versbau
the metrical pattern; metrics	das Versmaß; die Metrik
the alexandrine	der Alexandriner
the hexameter	der Hexameter, der Sechsheber
the pentameter	der Pentameter, der Fünfheber
the iambic pentameter	der jambische Fünfheber
the trochee	der Trochäus
free verse, *vers libre*	der freie Vers
blank verse	der Blankvers; reimloser Vers

Elements of Verse/Prose

alliteration	die Alliteration, der Stabreim
assonance	die Assonanz
anaphora	die Anapher
the internal rhyme; the half-rhyme	der Binnenreim; der Halbreim
rhythm	der Rhythmus
macaronic	in mehr als einer Sprache verfasst
elision	die Elision, das Weglassen

Prose Genres

the romance	die Romanze
the fairy tale	das Märchen
the novel, novelist	der Roman, der Romancier
the novella	die Novelle
the story, tale; the short story	die Erzählung; Kurzgeschichte

Poetry has been defined as memorable words; a novel, on the other hand, consists of immemorable words. F. W. BATESON

the prose sketch	die Prosaskizze
the parable, allegory	die Parabel, Allegorie
the annals, annalist	die Annalen, der Annalist
the travelogue	der Reisebericht
the autobiography, autobiographer	die Autobiographie, ~biograph
the diary, diarist	das Tagebuch, der T~schreiber
to keep a diary	Tagebuch schreiben
the aphorism, aphorist	der Aphorismus, Aphoristiker
the prose poem [FF]	das Prosagedicht
(prose) fiction	die Prosadichtung [FF]

Types of Novel: Bildungsroman, education novel *Bildungsroman, Entwicklungsroman* – campus novel *Universitätsroman* – detective novel/whodunit *der Kriminalroman/Krimi/Detektivroman* – documentary novel, faction *Tatsachenroman* – dystopia *Anti-Utopie* – epistolary novel *Briefroman* – family chronicle/family saga *die Familienchronik* – gothic novel *Schauerroman* – historical novel *historischer Roman/ Geschichtsroman* – industrial novel *Industrieroman* – Künstlerroman *Künstlerroman* – nouveau roman *nouveau roman* – novel of manners *Sittenroman* – panorama novel *Roman des Nebeneinander* – penny dreadful, AmE dime novel *Groschenroman* – picaresque novel *pikaresker*

Roman – political novel *politischer Roman* – 'problem' novel *Sozialroman* – public school novel *Internatsroman* – regional novel *regionaler Roman* – *roman à clef Schlüsselroman* – *roman à thèse Tendenzroman* – satirical novel *satirischer Roman* – serialized novel *Fortsetzungsroman* – social novel *Sozialroman* – state-of-the-nation novel *Roman zur Lage der Nation* – utopian novel *utopischer Roman*

Telling

to tell/recount a tale; to narrate	erzählen
to unfold a tale	eine Geschichte entrollen
the story unfolds ...	die Geschichte entfaltet sich ...
to retell	nacherzählen
to chronicle events	Ereignisse chronologisieren

Wordwise: Note that 'to tell' must be followed by an object, direct or indirect. *Du kannst so schön erzählen* is 'You're so good at telling stories/ (*arch.*) telling a yarn'. *Die alte Villa könnte viel erzählen* is 'The old mansion could tell many a tale'. To 'tell tales', however, is *lügen, schwindeln* FF, and a 'tell-tale' is a *'Petze'*. The common *Na, erzähl mal* is perhaps best translated by 'Come on, tell us', 'Fire away' etc. Otherwise, the correct translation of *erzählen* is 'to narrate'.

to spin a tale, a yarn	den Faden einer Erzählung spinnen
to portray, the portrayal	schildern, die Schilderung
to present	darbieten

Prose Style

see § 18

flowing	flüssig
disjointed, broken, fragmented	wirr, fragmentarisch
long-winded, prosy	langatmig, weitschweifig
ornate; florid	überladen; blumig
unembellished, unadorned	schlicht
pithy, sapid	prägnant

Eine Lektüre wird verbindlich, wenn Worte zu atmen beginnen, wenn sie Leben schenken und Leben verzehren. ERIKA BURKHART

aphoristic, sententious	aphoristisch
graphic	bildhaft
allusive	anspielungsreich

Plots

the plot, story line	die Handlung, Fabel
unilinear; straightforward	linear; schlicht, einfach
intricate, convoluted	verschlungen
closely dovetailed	eng miteinander verzahnt
highly contrived	forciert, ausgeklügelt
improbable	unwahrscheinlich
the (plot) device, contrivance	der Kunstgriff
the sub-plot, secondary plot	die Nebenhandlung
several narrative strands	mehrere Erzählstränge

	to juxtapose	gegenüberstellen
	to unfold a broad panorama	ein breites Panorama entrollen
	the incident, episode	der Vorfall, die Episode
	rich in incident	ereignisreich
	the twist (in the plot/tale)	die unerwartete Wendung
	the framework plot/ story	die Rahmenhandlung/ -erzählung
	the dénouement	die Lösung des Knotens
Character	to portray, to depict, delineate	schildern, porträtieren
	the characterization	die Charakterdarstellung

Diseur de bons mots, mauvais caractère. BLAISE PASCAL

	many-facetted, complex	facettenreich, vielseitig
	as large as life	lebensgroß
	a cardboard cut-out; cardboard	eine Schablone; schablonenhaft
	a foil for	eine Kontrastfigur zu
Structure and Subject	the structure, architecture	die Struktur
	the motif, leitmotif	das Motiv, das Leitmotiv
	the pattern in the carpet (*arch.*)	die innewohnende Struktur
	the subject, topic, issue	das Thema
	the subject-matter	der Stoff, Inhalt
	the development of the theme	die Entwicklung des Themas
Location	to set, to locate in Bombay	in Bombay spielen lassen
	the setting, location, locale	der Schauplatz
	The work is set in Spain	Das Werk spielt in Spanien
	local colour, background colour	das Lokalkolorit
Mood	the mood, atmosphere	die Stimmung, Atmosphäre
	tension, tense	die Spannung, spannend

Wenn man recht liest, so entfaltet sich in unserem Inneren eine wirkliche, sichtbare Welt nach den Worten. NOVALIS

Types of Book	the blockbuster	das Mammutwerk
	the weighty tome	der dicke Schmöker
	the sequel	der Fortsetzungs-, Folgeband
	the treatise	die Abhandlung
	the discourse	die gelehrte Abhandlung
	the tract	das Traktat
	the indictment, critique	die Anklageschrift, die Kritik FF
	the rejoinder	die Replik
	the plea	das Plädoyer
	the compendium	das Kompendium
	the manual	das Handbuch FF
	the commentary	der Kommentar

Romance	the Arthurian novel the quest the Holy Grail the knight-errant courtly love the putting to the test	der Artusroman die Suche der Heilige Gral der fahrende Ritter die höfische Liebe die Bewährung(sprobe)
Comedy	the comedy the comedy of manners the farce to laugh at to make fun of, poke fun at to ridicule to deride to induce a smile hilarious side-splitting to shake with laughter	das Lustspiel die Sittenkomödie die Farce lachen über, auslachen durch den Kakao ziehen ins Lächerliche ziehen belächeln ein Lächeln hervorzaubern schreiend komisch zwerchfellerschütternd sich vor Lachen biegen
Satire	the satire to satirize the lampoon to lampoon; to pillory apt cutting, biting, savage the caricature the butt (of satire)	die Satire verspotten die Spott-, Schmähschrift geißeln; anprangern, geißeln passend, treffend ätzend die Karikatur die Zielscheibe (der Satire)
Tragedy	the tragic hero/heroine the tragic flaw to overreach (oneself) the catharsis the purification of passions	der/die tragische Held(in) der tragische Fehler sich übernehmen die Katharsis Reinigung der Leidenschaften
Popular Literature	trivial literature, cheap popular l~ kitchen sink drama the Mills and Boon novel pulp fiction the bonkbuster; the bodice-ripper titillating the aga saga	die Trivialliteratur das realistische Sozialdrama (*etwa*) der Bahnkioskroman Schundliteratur der Sexwälzer; ‚Miederreißer' billig-erregend trivial-moderne Familien-chronik
A Writer's Progress	the first work to live in a garret, to live in penury one's literary break-through to take the grades to Parnassus	das Erstlingswerk unter dem Dach/in Armut leben sein literarischer Durchbruch die Stufen zu Parnassus nehmen

Dichterleben: große Worte, kleine Brötchen. HANNS-HERMANN KESTEN

	to be an established writer	etablierter Schriftsteller sein
	to be the conscience of the nation	das Gewissen der Nation sein
	the literary prize	der Literaturpreis
	to award a prize to	jdm. einen Preis verleihen
Recipients	the recipient	der/die Rezipient(in)
	the readership	die Leserschaft
	to reach a wide/broad readership	eine breite Leserschaft erreichen

Denn wenig wissen wir von der Wirkung der Bücher. Noch weniger weiß der Autor, wohin sein Wort fallen wird. GÜNTER GRASS

Literary Periods/ Movements	the Shakespearean Age	das Zeitalter Shakespeares
	the Restoration; R~ drama	die Restauration, das R~sdrama
	the Classical/ Augustan Age	die Klassik
	Classicism	der Klassizismus
	the Age of Sentiment	Zeitalter der Empfindsamkeit
	the (Early, Late) Romantics	die (Früh-, Spät-)romantiker
	the Pre-Raphaelites, P~ Brotherhood	die Präraffaeliten
	the Aesthetes	die Ästheten
	the Bloomsbury Group	die Bloomsbury-Gruppe
	the Angry Young Men	die zornigen jungen Männer

The major literary 'isms' are almost wholly unsurprising: Pre-/Early/Late/ Romanticism *die Vor-/Früh-/Spät-/romantik* – Realism *der Realismus* – Naturalism *der Naturalismus* – Symbolism *der Symbolismus* – Imagism *der Imagismus* – Vorticism *der Vortizismus* – literary Modernism *die literarische Moderne* – Postmodernism *die Postmoderne* – magical realism *der magische Realismus*

	post-War literature	die Nachkriegsliteratur
Divergent German Literary Periods	Storm and Stress	der Sturm und Drang
	Weimar Classicism	die Weimarer Klassik
	b/Biedermeier	Biedermeier
	Young Germany	Junges Deutschland
	the pre-1848 years	der Vormärz
	poetic realism	der poetische Realismus
	Expressionism	der Expressionismus
	early post-1945 literature	die Trümmerliteratur
	GDR literature	die DDR-Literatur
The Literary Critic	the critic FF	der/die Kritiker(in)
	the literary critic	der/die Literaturkritiker(in)
	the monograph	die Monographie
	the drama critic	der/die Theaterkritiker(in)
	the (book) reviewer	der/die Rezensent(in)
	to edit	editieren; herausgeben
	the exegete, interpretor, explicator	der Exeget

	well-read, phenomenally w~	belesen, phänomenal b~
	well-versed	versiert
	to analyse, dissect	analysieren, sezieren
	to scrutinize	einer Analyse unterziehen
	the close reader	der minutiöse Leser
	to praise, laud	loben, preisen
	to lionize an author	eine(n) Autor(in) feiern
	the book-review, the critical notice	die Rezension
	to review a book	ein Buch rezensieren
	a new publication	eine Neuerscheinung
	the devastating review, 'hatchet job'	der Verriss
	to pan a book	ein Buch verreißen
The Language of Reviews	a superb début	ein fulminantes Erstlingswerk
	of immense promise	ungemein verheißungsvoll
	a real talent	eine echte Begabung
	an unworthy successor to sth.	(einem Werk) nicht ebenbürtig
Critical Movements	close to the text	textimmanent
	the New Critics	die *New Critics*
	the Chicago School	die Chicagoer Schule
	reception analysis	die Wirkungsästhetik
	structuralism, the structuralist	der Strukturalismus, -ist(in)
	deconstructionism, deconstructionist	der Dekonstruktionismus, -ist(in)
	eclectic	eklektisch

Tant de pages, tant de livres qui furent nos sources d'émotion, et que nous relisons pour y étudier la qualité des adverbes ou la propriété des adjectifs.
Syllogismes de l'amertume E. M. CIORAN

Hermeneutics	hermeneutics	die Hermeneutik
	the hermeneutic circle	der hermeneutische Kreis
	exegesis	die Exegese
Narratology	narratology, narratological	die Narratologie, narratologisch
	the narrator	der/die Erzähler(in)
	the narrative device/ploy/strategy	die Erzählmethode/-strategie
	the narrative mode	die Erzählweise
	the narrative tense	das Erzähltempus
	discourse time	die Erzählzeit
	story time	die erzählte Zeit
	the point of view	der Standpunkt, die Perspektive

The key forms/terms of narration are: the authorial narrator *der auktoriale Erzähler* – the omniscient narrator *der allwissende Erzähler* – figural narration *die persönliche Erzählform* – the first-person narrator *der Ich-Erzähler* – the unreliable/fallible narrator *der unzuverlässige Erzähler* – a mask/mouth-piece of the author *ein Sprachrohr des Autors* –

stream of consciousness *der Bewusstseinsstrom* – interior monologue *der innere Monolog* – free indirect discourse *erlebte Rede*

The Life of the Book

the manuscript	das Manuskript
to submit a manuscript	ein Manuskript einsenden
the publisher's reader	der Verlagslektor
the proof(s)	die Korrekturfahne
to correct the proofs, proof-read	(die Fahne) Korrektur lesen
ready to go to print	gut zum Druck, druckfertig
to be printed	gedruckt werden
the book is printing, is in press	das Buch befindet sich im Druck
to appear, be published	erscheinen
the new publication	die Neuerscheinung
the first reviews	die ersten Rezensionen
to become a bestseller	zum Bestseller werden
kept/held in stock everywhere	überall vorrätig
to have a long shelf life	lange erhältlich bleiben
to be remaindered	verramscht werden
to be pulped	eingestampft werden

Your Words, Your World: The histories of central words in this Unit allow one to trace, in general terms, the development of writing as a profession. 'Poet' is as old as 1300, when it is used for Homer; 'menestrel' [*sic.*] and 'bard' emerge around 1300 and 1450; a 'satirist' is recorded in 1589 and a 'man of letters' by 1720. Early 'penny-a-liners' are noted in 1834 and the first 'pot-boilers' in 1864, none other than D. G. Rossetti using the term in the same year – albeit for paintings. Equally surprisingly, it is Rupert Brooke who is credited with the first use of 'to churn out', while 'best-seller', applied to a writer, emerges in 1928. A fascinating side-history is that of 'novelist', which means first 'innovator' 1583, then 'novice' 1630, then 'newsmonger' 1708, becoming *Romanschriftsteller* only in 1728.

21 UNIT Theatre and Drama Studies

I regard the theatre as a serious business, one that makes or should make man more human, that is to say, less alone. ARTHUR MILLER

Drama	the dramatist/playwright	der/die Dramatiker(in)
	dramatic; histrionic	dramatisch; histrionisch
	the one-acter, one-act play	der Einakter
	the full-length play	das abendfüllende Stück
	the tragedy, comedy	die Tragödie, Komödie
	the tragi-comedy	die Tragikomödie
	the mystery play; morality play	das Mysterienspiel; die Moralität
	the bourgeois tragedy	das bürgerliche Trauerspiel
	the 'problem play'	das sozialkritische Drama
	epic theatre; theatre of the absurd	das epische Theater, absurde T~
The Play as Such	the act; the scene	der Aufzug/Akt FF; die Szene
	the dramatic structure	die dramatische Struktur
	to conform to the three dramatic unities (time, place, action)	die drei dramatischen Einheiten einhalten (Zeit, Ort, Handlung)
	to build up/create tension	Spannung aufbauen, herstellen
	the stage direction	die Bühnen-, Regieanweisung
	the prologue, epilogue	der Prolog, Epilog
	the curtain-raiser, curtain-lifter	das kurze Vorspiel
	the entr'acte, intermezzo	der Entreakt, Zwischenakt
	the monologue, soliloquy, hold a ~	der Monolog, einen ~ halten
	the dialogue; the stichomythia	der Dialog; die Stichomythie
	repartee	schlagfertige/spitze Antworten
	the *coup de théâtre*	der Theatercoup
	the dénouement	die Lösung des Knotens
	the finale FF	die Schlusssequenz
	dramatic irony	die dramatische Ironie
Roles	the titular/eponymous hero(ine)	der/die Titelheld(in)
	the antihero(ine)	der/die Antiheld(in)
	the villain of the piece, 'bad guy'	der Bösewicht
	the foil; the soubrette	die Kontrastfigur; die Soubrette
	the stooge, AmE the straight man	der/die Stichwortgeber(in)
	the fool, jester, buffoon	der Narr, Hofnarr, Hanswurst
Revues	the revue; the sketch	die Revue; der Sketch
	cabaret	das Kabarett
	the music hall BrE, 'variety'	das Varietee(theater)

Comedy	humour; patter, stand-up comedy	der Humor; schlagfertige Komik
	burlesque; vaudeville	die Burleske; das Vaudeville
	slapstick	die Klamaukkomödie
	the farce	die Posse, der Schwank
	mummery	(*arch.*) der Mummenschanz
	pantomime [FF], 'panto', Christmas panto	engl. Weihnachtsspiel, das oft zu Harlekinaden überführt
Theatres	the theatre, playhouse	das Theater, Schauspielhaus
	the theatre-in-the-round	das Theater mit Zentralbühne
	open-air theatre, outdoor theatre	das Freilichttheater
	the amphitheatre	das Amphitheater
	stageland, playland	die Theaterwelt
	fringe theatre	das Off-Theater

Whence and Why: Conventional theatre in Britain and America is associated with the Westend (of London) or Broadway (New York). 'Off-Westend' or 'off-Broadway' productions are more radical drama: hence the German term above. Since 1945, the term 'fringe theatre' has come in for radical drama, leading to the term 'off fringe' (AmE 'off-off-Broadway') for work considered more radical than radical.

	amateur theatricals	das Amateurtheater
The Theatre	the stage; the apron stage	die Bühne; die Vorderbühne
	a revolving stage, picture-frame s~	eine Drehbühne, Guckkasten~
	the trapdoor	die Falltür, -grube
	backstage; offstage	hinter der Bühne; im Off
	the upstage/downstage area	der Hinter-/Vordergrund der B~e

Wordwise: 'Upstage left' (UL) means *im/zum Hintergrund der Bühne links*; 'Downstage right' (DR) is *im/zum Vordergrund der Bühne rechts*. The abbreviations 'UR' and 'DL' operate accordingly.

the stage set; the scenery	das Bühnenbild; die Szenerie
the backdrop; props, stageprops	der Prospekt [FF]; die Requisiten [FF]

Ways with Words: Idioms from this area include: 'to upstage s.o.' *jn ausstechen* – 'a full house' *das vollständige engl. Frühstück* – 'against the backdrop of' *vor dem Hintergrund von* – 'to ring down the curtain on' *Schluss machen mit* – 'It prompted a swift response' *Es rief eine schnelle Antwort hervor* – 'the catwalk' *der Laufsteg* – 'to strut one's stuff' *herumstolzieren, sich zur Schau stellen.*

in the wings	hinter den Kulissen
the catwalk	die Arbeitsgalerie
the safety curtain, fire curtain	der eiserne Vorhang
the footlights, the limelight	das Rampenlicht
the stagedoor	der Bühneneingang

Booking	the box office	die Theaterkasse
	reduced-price tickets, 'concessions'	ermäßigte Karten
	at the box office on the night	an der Abendkasse
	the theatre subscription	das Theaterabonnement
The Auditorium	the auditorium	der Zuschauerraum
	the stalls; the box	das Parkett; die Loge
	the dress circle, upper circle	der erste, zweite Rang
	the gallery, the gods	die Galerie, der Olymp
	to sit up in the gods	auf der Galerie sitzen
	reduced vision	begrenzte Sicht
The Performance	the performance, first performance	die Aufführung, Uraufführung
	it was first performed on ...	es wurde am ... uraufgeführt
	the premiere, first night	die Erstaufführung, Premiere
	the theatre programme	das Theaterprogramm
The Actor	the actor/actress, (*arch.*) player	der/die Schauspieler(in)
	to get top billing/star rating, to have one's name up in lights	an oberster Stelle auf den Plakaten genannt werden
	the star/main role	die Hauptrolle
	to star	als Hauptdarsteller(in) auftreten
	the leading lady/man, (fe)male lead	der/die Hauptdarsteller(in)
	the tragedian/comedian	D~r tragischer/komischer Rollen
	the supporting actor, bit player	der/die Nebendarsteller(in)
	the character actor, character part	der/die Charakterdarsteller(in)
	the understudy, stand-in, standby	der Ersatzmann, die Ersatzfrau
	to understudy a role	eine Rolle als E~ einstudieren
	the mute, walk-on part	der/die Statist(in)

Wordwise: Other phrases meaning 'to act' are: 'to appear on stage', 'to tread the planks', 'to mount the boards', 'to be a thespian *Thespisjünger(in)*', 'to strut one's stuff' (*coll.*).

	the ham actor	der dilettantische Schauspieler
	to learn one's lines	seine Zeilen lernen
The Cast	the cast, *dramatis personae*	die Besetzung
	to be cast as Antigone	als Antigone besetzt werden
	the ensemble, troupe	das Ensemble, die Truppe
	the repertory/rep. company	die Repertoiretruppe
	to play in rep	in einer R~truppe spielen
Acting	to act; to play	spielen; auftreten; darstellen

Weigh Your Words: The words 'to act' and 'to play' are not always interchangeable. Note: 'to act a part' *eine Rolle spielen* – to act/play Portia *die Portia spielen* – to play alongside Olivier *neben Olivier spielen* – 'The work doesn't act well' *Das Werk läßt sich schlecht aufführen* –

'the actability/performability' *die Aufführbarkeit* – actable *bühnengerecht, -reif* – 'It's playing in the Haymarket' *Es wird zur Zeit im Haymarket-Theater aufgeführt*

	the performance	der Auftritt
	to have stage presence	Bühnenpräsenz haben/besitzen
	to have stage fright	Lampenfieber haben
	to wait in the wings	in den Seitenkulissen warten
	the cue; right on cue	das Stichwort; aufs S~ genau
	to fluff one's lines	seine Zeilen verpfuschen
	to forget one's lines	einen Aussetzer haben
	to ham it up	stümperhaft spielen
	to out-Herod Herod, to overact	überzeichnet spielen
	a barnstorming performance	ein fulminanter Bühnenauftritt

Whence and Why: 'Barnstorming' harks back to the days when travelling players often performed in country barns (*Scheunen*). 'To barnstorm' means *in kleinen Ortschaften Theateraufführungen veranstalten.* A 'barnstormer' is a *Schmierenschauspieler*. The verb also has the political sense of *Wahlreden halten/'auf die Dörfer gehen'*.

	to make one's début	debütieren
	the swan-song	der Abschied von der Bühne
	to leave the stage	die Schauspielerei aufgeben
Rehearsing	to rehearse	proben
	the rehearsal, dress rehearsal	die Probe, Generalprobe
Theatre Staff	the theatre manager	der Intendant, der Impresario
	the director, BrE (*arch.*) producer	der/die Regisseur(in)
	the dramatic adviser	der/die Dramaturg(in)
	the stage designer	der/die Bühnenbildner(in)
	the stagehand	der/die Bühnenarbeiter(in)
	the costume designer	die Theater-, Kostümschneiderin
	the prompter; the prompt box	der Souffleur/die Souffleuse; der S~kasten
Make-Up, Costume	to be made up	Theaterschminke tragen
	to be in make up	in der Maske sein
	the costume	das (Bühnen-)Kostüm
	to go to one's dressing room	in seine Garderobe gehen
Actors in History	a strolling player	ein Wanderschauspieler
	the acting troupe	die Schauspieltruppe
	the mummer	der/die Komödiant(in)
The Audience	the full house	das ausverkaufte Haus
	to give s.o. a standing ovation	jdm. stehende Ovationen geben
	round after round of applause	nicht enden wollender Beifall
	the box-office takings	die Einnahmen an der Kasse

After the Performance	the curtain call; twenty 'curtains'	der Hervorruf; zwanzig Vorhänge
	Encore!	Zugabe!
	the plaudits of the audience	der (laute) Beifall des Publikums

Your Words, Your World: The language descriptive of theatre has rather limped behind the realities. The term 'the three unities' is found only in 1668, in Dryden (and even then in reference to French practice). 'Coup de théatre' and 'dénouement' are also imported in 1747 and 1752. The notion of the 'West End' as a theatrical venue comes in 1894, slightly pre-dated by 'Broadway' 1881. 'Fringe events' and 'fringe theatre' emerge between 1958 and 1971.

22 UNIT Film, Broadcasting and Film Studies

I am not against television, but it is rather like having a sick child in the house.
LAWRENCE DURRELL

Film: the Basics	to film	drehen
	shooting, the shoot	die Filmaufnahmen
	on location; location shots	auf Außenaufnahme; Außenaufnahmen
	the film studios; film-set	die Filmstadt
	the film/motion picture industry	die Filmindustrie
	the silent film, the silent era	der Stummfilm, die S~zeit
	the feature film, (*arch.*) 'A' film	der Spielfilm
	the 'B' film (*arch.*), supporting film	der Vorfilm
	the screenplay [FF], filmscript	das Drehbuch
	sound recording/re-recording	die Tonaufzeichnung
	to dub a film	einen Film synchronisieren
	with subtitles	mit Untertiteln
	on/in action replay	in der Zeitlupe
	to adapt for the screen	für den Film bearbeiten
	the film version of a novel	die Verfilmung eines Romans
	the first take	die erste Szenenaufnahme
	the film-, cinema-, movie-goer	der /die Kinogänger(in)
The Film Crew	the director	der/die Regisseur(in)
	the assistant director	der/die Regieassistent(in)
	the set designer	der Filmarchitekt
	the film crew	die Filmcrew
	the cameraman, camerawoman	der Kameramann, die K~frau
	the recording engineer	der/die Tonmeister(in)
	the clapper boy	der Klappenmann
	the clapper board	die Synchronklappe
	the lighting man, AmE the gaffer [FF]	der Beleuchter
	the make-up artist	der/die Maskenbildner(in)
	the continuity girl, script girl	das Skriptgirl
The Cast *see § 21*	the extra	der Komparse
	a film featuring/starring Joe Bloggs	ein Film mit JB in der Hauptrolle
In the Cinema	to go to the movies/the flicks	ins Kino gehen
	The film is showing at the Odeon	Der Film läuft im Odeon
	to screen/show/run a film	einen Film vorführen/zeigen
	the projectionist	der/die Filmvorführer(in)
	the film newsreel	die Kino-Wochenschau
	a skin-flick, blue film	ein Porno-Streifen

Broadcasting

to broadcast	senden, ausstrahlen
the broadcasting station; transmitter	der Sender FF
the pirate station, radio pirate	der Piratensender
the wavelength	die Wellenlänge
the programme FF	die Sendung
the channel	das Programm FF
to sign on/off, come on/go off the air	das Programm beginnen/-enden
the station break	die Sendepause
to watch television; the viewer	fernsehen; der Fernsehzuschauer

The Radio as Such

the radio, wireless; radio set	der Radioapparat
the receiver; global receiver	der Empfänger; Weltempfänger
the tuner	der Kanalwähler, Tuner
to tune in to a station	einen Sender einstellen
the frequency	die Frequenz
the waveband	das Wellen-, Frequenzband
short/ medium/ long wave	Kurz-, Mittel-, Langwelle

Worte verbinden nur, wo unsere Wellenlängen übereinstimmen. MAX FRISCH

the aerial	die Antenne
the radio ham	der Amateurfunker

The TV as Such

the television (set), TV set, TV	der Fernseher
the screen	der Bildschirm
the on/off switch	der Ein/Aus-Schalter

Wordwise: The media have spawned a good number of slang creations, among them: 'the telly', 'the small screen' *das Fernsehen* – 'the box', 'the goggle-box', 'the tube', 'the boob-tube' *die Glotze* – 'the goggle-box watcher', 'the boob-tuber', 'the couch potato', *der/die Fernsehzuschauer(in)*

Reception

reception	der Empfang
the interference, picture disturbance	die Bildstörung
the fuzzy picture	verschwommenes Fernsehbild

Radio/TV Journalists

the broadcaster	der Rundfunk-, Fernsehjournalist
the reporter	der/die Berichterstatter(in)
to file a report	einen Bericht einsenden
the newscaster	der/die Nachrichtensprecher(in)
to read the news	die Nachrichten sprechen/lesen

Ways with Words: Among the increasing number of idioms from this field are: 'take two' *zweiter Anlauf* – 'That's news to me' *Mir neu!* – 'He's bad news' *Mit ihm werden wir Ärger kriegen* – 'to be on the same wavelength' *auf der gleichen Wellenlänge liegen* – 'off the record' *inoffiziell* – 'to go on record' *sich erklären/festlegen* – 'to broadcast' *ausposaunen* – 'prime time' *die besten Jahre*

	the sportscaster	der (Fernseh-)Sportreporter
	the roving reporter	der/die ‚rasende' Reporter(in)
	the presenter, moderator	der/die Moderator(in)
	the anchorman/woman, 'anchor'	der/die (Haupt)Moderator(in)
	the disc jockey, DJ	der Discjockey, der DJ
	the announcer	der/die Ansager(in)
Radio/TV Programmes	the news, newscast	die Nachrichtensendung
	the newsflash	(eingeblendete) Kurzmeldung
	weather forecast	die Wettervorhersage
	current affairs programmes	Sendungen zum Tagesgeschehen
	watchdog programmes	*etwa* sozialkritische Magazine
	the documentary	der Dokumentarfilm
	the discussion programme	die (politische) Talk-Show
	the panel discussion	das Podiumsgespräch
	the panelist	der Diskussionsteilnehmer
	the quiz programme	die Quiz-Sendung, -Show
	the game show	die Spielshow
	the panel game	das Ratespiel
	the radio drama	das Hörspiel
	the sports round-up	die Sportschau
	the soap opera, the 'soap'	die Seifenoper
	the series; the theme music	die Serie; die Titelmelodie
	the situation comedy, the 'sitcom'	die Situationskomödie
	the television drama, tele-play	das Fernsehspiel FF
	the docudrama	das Dokumentarspiel
	edutainment, infotainment	das Edu-, Infotainment
	the talk show	die Talk-Show
	the hit parade, 'Top of the Pops'	die Hitparade
Media Studies *see § 23*	media studies	die Medienwissenschaft
	the mass media	die Massenmedien
	programming, scheduling	die Programmablaufplanung

Wordwise: 'Generic programming' involves broadcasting on one channel programmes which are all of a kind; 'mixed programming' offers a variety of programme types on one and the same channel. 'Jugular scheduling' is the deliberate timing of a programme so as to reduce the listening/viewing figures of a rival.

	continuity, 'flow'	die Sendekontinuität
	the film library	das Filmarchiv
Types of TV	public service TV/broadcasting	öffentlich-rechtliches Fernsehen
	commercial TV	das kommerzielle Fernsehen
	deregulation	die Deregulierung
	pay TV	das Pay-TV

	cable television	das Kabelfernsehen
	to connect up to cable (TV)	verkabeln
	the satellite channel	der Satellitensender FF
	the satellite disc	die Satellitenschüssel
The Impact of Broadcasting	to set the agenda	die Gesprächsthemen bestimmen
	bias; biassed	die Tendenz; tendenziös
	impartiality, absence/lack of bias	die Überparteilichkeit, Unvoreingenommenheit
	objectivity	die Objektivität, Sachlichkeit
	news coverage	die Berichterstattung
	monopoly, duopoly	das Monopol, Duopol
	the dominant ideology	die herrschende Ideologie
	making sense (of the world)	die Sinnstiftung
	escapism, the flight from reality	der Eskapismus
	channel loyalty	die Programmtreue/Sender~
	to trail, the trailer	vorankündigen; die Vorschau
Financial Aspects	prime time, peak viewing time	die Hauptsendezeit
	the listening/viewing figures	die Einschaltquoten
	the TV licence FF	die Fernsehgebühren

Wordwise: Among the many technical terms used in programming and viewing analysis are: 'cross-promotion', 'cross-trailing' = the advertising of one programme in another channel; 'the pre-echo' = the increase in viewing figures before the start of a popular programme; 'the inheritance factor' = the continuation of high viewing figures after the end of a popular programme; 'hammocking' = the positioning of a less popular programme between two more popular.

Types of Broadcast	the live/direct broadcast, to b~ live	die Live-Sendung, live senden
	direct broadcasting by satellite	die Live-Schaltung über Satellit
	the outside broadcast	die Außenübertragung
	the recorded programme	die aufgezeichnete Sendung
	the canned show	die Show aus der Konservendose
	the time slot, slot; to fill a slot	der Sendeplatz; einen S~ belegen
	children's television, AmE 'kidvid'	das Kinderfernsehen
	the commercial, the advert, 'ad'	der Werbespot

Your Words, Your World: The language of this field is almost exclusively a product of the C 20th. To 'broadcast', which formerly meant 'to scatter seed abroad with the hand' 1813, took on its modern meaning in 1921; 'broadcaster' and 'broadcasting' follow in 1922. A 'radio' originally meant 'a message sent by wireless telegraphy' 1906, but came to mean *Radioapparat* between 1913–17. 'Television' emerges from the work of Korn and Rukener between 1907–9. By 1959 it is known as the 'goggle box', by 1969 as the 'boob toob' [*sic.*]

23 UNIT The Press and Print Media Studies

Die Zeitungen erzählen freilich alles, aber immer nur in dem Sinne ihrer Partei. Da kann man sich tot und lebendig lesen und hat zuletzt doch noch nichts. An die Mutter, 29.5.1845, GEORG WEERTH

The Media	the print media	die Printmedien
	the age of the media	das mediale Zeitalter
	the media event	das Medienereignis
	newsworthy	von Interesse, aktuell
	newsy	voller Neuigkeiten
Print Media a) Newspapers	the broadsheet	die großformatige Zeitung
	the tabloid, 'red masthead' paper	die Boulevardzeitung
	the 'daily', the 'Sunday'	die Tages-, Sonntagszeitung
	the national paper	die überregionale Zeitung
	highbrow	seriös
	lowbrow	niedrigen Anspruchs
	the 'quality papers', (*pej.*) 'heavies'	die seriösen Zeitungen
	a paper of the middle ground	eine Z~ mittleren Anspruchs
	the gutter press, yellow press	die Schmutz-, Regenbogenpresse
	the official gazette; the advertiser	das Amtsblatt; der Anzeiger
	the local rag	die Dorfpostille
	Fleet Street/Wapping	die brit. Tageszeitungen

Whence and Why: London's Fleet Street, between the Strand and Ludgate Hill, close to the Law Courts, the River and the traditional printing area around St. Paul's Cathedral, between the financial centre of the City and the governmental centre at Westminster and St. James's, became the location of almost all Britain's national papers between the C 18th and the late C 20th. Only in 1986 did the 'Wapping Revolution' led by Rupert Murdoch – the (belated) introduction of computer technologies to the newspaper industry – give the British press a new home in the refurbished London Docklands near Murdoch's own headquarters at 'Fortress Wapping'.

	the press review	die Zeitungsschau
Print Media b) Periodicals	the magazine	die Illustrierte
	glossy, the glossy	reichbebildert, das r~ Magazin
	the comic FF	das Witzblatt, Kinderblatt
	the periodical, weekly	die Zeitschrift, Wochenzeitschrift
	the (academic) journal	die Fachzeitschrift
	the journal article	der Beitrag
	the book review	die Rezension

Parts of a Newspaper	the front page	die erste Seite
	the article; the report	der Beitrag, Artikel; der Bericht
	the column	die Rubrik; die Spalte
	the newspaper cutting/clipping	der Zeitungsausschnitt
	the arts section	der Feuilletonteil
	the press survey	die Presseschau
	the sports section	der Sportteil, die Sportseiten
	the obituaries	die Nachrufe
	the letters to the editor	die Leserbriefe
	the cartoon	die Karikatur
	the gossip column	die Klatschkolumne
	the agony column	der Kummerkasten
	the tabloid section	die tabloidformatige Beilage
	the colour supplement	das Magazin
	the (special) supplement/ pull-out	die (Sonder)Beilage
	the weather forecast	der Wetterbericht
	the crossword (puzzle)	das Kreuzworträtsel

Wann beherrschst du eine Fremdsprache wirklich? Wenn du Kreuzworträtsel in ihr lösen kannst. KURT TUCHOLSKY

	the comic strip, AmE the 'funnies'	die Comics [FF], comic strips
	the horoscope, the 'stars'	das Horoskop
Types of Article	the editorial, leading article, leader	der Leitartikel
	the feature (article)	das Feature
	the exclusive	der Exklusivbericht
	the 'splash'	der Hauptartikel auf Seite 1
	the scoop	die sensationelle Erstmeldung
	the brief mention	die kurze Meldung
	the item	die Zeitungsnotiz; kurzer Artikel

Wordwise: The various parts of an article are known, to insiders, as: 'the standfirst' *die freistehende Einleitung* – 'the intro' *der erste Absatz* – 'the pay-off' *letzter Absatz mit letzter Pointe* – 'the leg' *die Spalte* – 'the byline' *Angaben zum/r Verfasser(in)*

	the guest column	die Gastkolumne
	the theatre/film review	die Theater-, Filmrezension
Newspaper Methods	investigative journalism	der Enthüllungsjournalismus
	a fly-on-the-wall report	Bericht aus Insider-Perspektive
	the newspaper sting/entrapment	die Zeitungs‚falle'
	the Duchess was stung	die Herzogin wurde reingelegt
	damaging revelations	belastende Enthüllungen
	the newspaper hoax	die ‚Zeitungsente'
Newspaper Language	journalese; tabloidese	der Zeitungsstil; Boulevardstil
	telegraphese	der Telegrammstil
	the in-house style(-sheet)	Verlags-*Stylesheet*

Layout	the layout, the lay-outer	das Layout, der/die Layouter(in)
	the masthead	das Impressum
	the headline	die Schlagzeile
	the banner headline, screaming ~	die seitenfüllende Schlagzeile
	the crosshead	die Zwischenüberschrift
	the body	der Textkorpus
Newspaper Technology	linotype	die Zeilensetzmaschine
	the type-setter	der/die Setzer(in)
	computer-printed	computergedruckt
The News Market	the circulation, ~ war	die Auflage, der Auflagenkrieg
	to woo readers	um Leser werben
	the circulation war	der Krieg um die Leserschaft

Ways with Words: Idioms linked to this field include: 'the newshawk/newshound' *der Zeitungsreporter* – 'It's imprinted on my mind' *Es hat sich mir eingeprägt* – 'gimmickry' *Mätzchen* – 'to scoop up the cash' *Geld scheffeln* – 'the rumour's circulating that' *es kursiert das Gerücht, dass* – 'to edit out' *herausstreichen* – 'in cold print' *schwarz auf weiß*

	to go down market	den Anspruch herabsetzen
	scant/skimpy news coverage	die dürftige Berichterstattung
	the gimmick, the publicity stunt	die Werbemasche, Kundenfalle
	to capture readers	Leser dazugewinnen
	to boost circulation/sales	den Verkauf ankurbeln
	the swift distribution	der schnelle Vertrieb
	to squeeze out the opposition	die Konkurrenz verdrängen
	to cease publication	das Erscheinen einstellen
	the newspaper empire	das Zeitungsimperium
	the Napoleon of Fleet Street	der Zeitungsbaron, -imperator
	the press baron	der Pressemogul, ~zar
Distribution	the newsagent	der Zeitungshändler
	the news vendor	der Zeitungsverkäufer
	the news-stall, news-stand	der Zeitungskiosk, -stand

Sprache verrät heute weder den Unmenschen noch den Leermenschen oder gar den wahren Wohltäter. Denn sie ist nur ein großes Nachtönen, in dem kein Stil mehr Eigenschaft genug besitzt, keine Stimme genügend mehr stimmt, um die Weise eines Menschen zu modulieren. Beginnlosigkeit, BOTHO STRAUSS

	the newspaper boy/girl	der/die Zeitungsausträger(in)
Newspaper Finance	advertising revenue/income/ takings	Einnahmen durch das Anzeigengeschäft
	the box number; under a box n~	die Chiffre; unter einer Chiffre
	newsprint	das Zeitungspapier

Newspaper Staff	the editor(-in-chief)	der/die Chefredakteur(in)
	the editorship	die Position des Chefredakteurs
	the subeditor	der/die Redakteur(in)
	the chief sub(editor)	der/die Hauptredakteur(in)
	the journalist, the reporter	der/die Journalist(in)
	the hack	der drittrangige Journalist
	the war reporter	der Kriegsberichterstatter
	the newsmonger	der Neuigkeitskrämer
	the type-setter	der Setzer
	the newspaper cartoonist	der Karikaturist
	the newspaper photographer	der Zeitungsfotograf
	the paparazzi	die Paparazzi
	the agony aunt	die Kummerkastentante
	the Page Three girl, 'bimbo' FF	der Nackedei
	over-staffing	die personelle Überbesetzung
Publishing	the publishing house	das Verlagshaus
	to publish, to issue	herausgeben
	the first edition	die Erstauflage
	the deadline	der (Erscheinungs)Termin
	to file, submit, transmit (an article)	(einen Artikel) einsenden
Printing	to proof-read	Korrektur lesen
	the literal, the 'typo'	der typographische Fehler

Das geschriebene Wort sei die naturnotwendige Verkörperung eines Gedankens und nicht die gesellschaftsfähige Hülle einer Meinung.
KARL KRAUS

	'spike'	abgelehntes Material, Makulatur
Publishing and Law	to libel (*in print*); libellous	verleumden; verleumderisch
	to slander (*by word of mouth*); slanderous; the slanderer	verleumden; verleumderisch der/die Verleumder(in)
	the Press Council BrE	der Presserat
	the night lawyer	der Presse-Anwalt

Your Words, Your World: For those familiar with the development of the British press, from the birth of the first 'national' daily, the *Daily Courant* in 1702 to today, the history of the words contains few surprises. The first known mention of a 'newes paper' [*sic.*] is in 1670; the first known 'newspaper reporter' is found in 1813; the first 'newspaper boy' is in Dickens's *Dombey and Son* (1848). 'Fleet Street' becomes a metaphor for the press around 1880 and both 'newspaper trains', from London to the provinces, and 'newspaper hacks' crop up in 1885. Soon 'scoop' 1906 and 'yellow pressman' 1909 are imported from America. The first recorded 'glossy' is printed in 1945, but their 'paparazzi' have yet to reach the *OED*.

24 UNIT The Computer World and Informatics

In diese ozeanische Senkgrube mag abtauchen, auf ihr mag surfen, wer will. Ich bleibe jenseits des Dunstkreises auf dem Gutenberg … ‚Hai Teck und Kabel-Jau', ULRICH HORSTMANN, 1997

Types of Computer	the computer; personal ~, PC	der Rechner/Computer; der PC
	the laptop, palmtop/hand-held	der Laptop, der Palmtop
	the notebook	das Notebook, der N~-Computer
	the word-processor	die Textverarbeitungsanlage
	the mainframe	der Großrechner
Major Uses	data processing	die Datenverarbeitung
	data exchange	der Datenaustausch
	word-processing	die Textverarbeitung
	a word-processing programme	ein Textverarbeitungsprogramm
	the printout	der Ausdruck
Computer Parts	the hard disk	die Festplatte
	the screen, the monitor	der Bildschirm, der Monitor
	the visual display unit (VDU)	das Bildschirmgerät
	the keyboard	die Tastatur
	the drive, disk drive	das Laufwerk, Diskettenl~k
	the memory	der (Arbeits-)Speicher
	the file, text f~, programme f~	die Datei, Text~, Programm~
	the buffer	die Zwischenablage
	the touchpad; the mouse-point	das Touchpad; der MousePoint
The Screen	the menu bar, tool bar	die Menüleiste
	the dialogue box (AmE dialog box)	das Dialogfeld
	the pop-up menu	das Pop-up-Menü
	the symbol bar	die Symbolleiste
	LCD (liquid crystal display)	die Flüssigkristallanzeige, LCD
	the window	der Bildschirmausschnitt
	the screen saver	der Bildschirmschoner
The Key-Board	the shift key	die Umschalttaste
	the F-keys, function keys	die Funktionstasten
	the numeric keyboard	die numerische Tastatur
	the ASCII-code	der ASCII-Code
	the arrow key, cursor key	die Pfeil-, Cursortaste
	to press/hit a key	eine Taste drücken
Key Elements	the operating system	das Betriebssystem
	the user interface	die Benutzeroberfläche
	the storage capacity	die Speicherkapazität

	English	German
	software	die Software
	the interface	die Schnittstelle
	serial/parallel interface	serielle/parallele Schnittstelle
	the port, serial port	der Anschluss, serieller Anschluss
	the spell check(er)	das Rechtschreibprogramm
	graphics; graphic format	die Grafik; das Grafikformat
Accessories	the disk, the floppy disk/'floppy'	die Diskette
	the laser, bubble/ink-jet printer	der Laser-, Tintenstrahldrucker
	the scanner; flat-bed scanner	der Scanner, Flachbettscanner
	the mouse; the mousepad	die Maus; das Mauspad
	the modem	der/das Modem
	the sound-card	die Sound-Karte
Key Actions	to save, store; to delete/erase	speichern/sichern; löschen
	to save a text to disk/ on disk	einen Text auf Diskette speichern
	to open/close a file	eine Datei öffnen/schließen
	to copy, make a copy	kopieren, eine Kopie erstellen
	to create a file	eine Datei erstellen/anlegen
	to manage one's files	seine Dateien verwalten
	the directory, sub-directory	das (DOS-)Verzeichnis, Unter~
	the folder	das (Windows-)V~, der Ordner
	to double click on an icon	auf ein Symbol doppelklicken
	to drag and drop	ausschneiden und einfügen
	to undo/cancel	rückgängig machen
	to reinstate	wiederherstellen
	to search for and replace	suchen und ersetzen
	to make a back-up copy	eine Sicherheitskopie erstellen
	to scan, scan in	scannen, einscannen
	to process	bearbeiten
	to scroll	vor-, zurückrollen
	to select from the menu FF	aus dem Menü FF auswählen

Weigh Your Words: The translation of 'menu' (*Speisekarte*) by *Menü* (set meal) is a classic piece of false-friend mistranslation. The essential thing about a 'menu' is that you can select from it, which is just what you cannot do in the case of a *Menü*.

	to mark; to format	markieren; formatieren
	in heavy/bold type; in italics	fett; kursiv
	to download	herunterladen, ‚downloaden'
	to install a programme	ein Programm installieren
	to run a programme	ein Programm laufen lassen
	to update; to upgrade	aktualisieren; qualitativ verbessern
	to burn a CD	eine CD toasten/brennen

Text-Processing	to set up a page	eine Seite einrichten
	to insert a footnote	eine Fußnote einfügen
	to insert, insert a table	einfügen, eine Tabelle einfügen
	to print	drucken
Key Problems	The computer' s crashed	Der Computer ist abgestürzt
	The disk has faulty/defective sectors	Die Diskette hat fehlerhafte Sektoren
	The server is down	Der Server reagiert nicht
	My password has expired	Mein Kennwort ist abgelaufen
	the compatibility problem	die Kompatibilitätsproblematik
	The systems are not fully compatible	Die Systeme sind nicht voll kompatibel

Ways with Words: Among the legion of new idioms spawned by the digital age are: 'gearhead', 'geek', 'nerd', 'propellerhead', 'techie' *Computerfreak* – 'the webster' *Webfanatiker* – 'cybrarian' *Supersurfer* – 'to grok' *sämtliche verfügbare Informationen sammeln und dann eine Meinung bilden* – 'clean' bug-free – 'bot, knowbot' artifical intelligence programme – 'f2f' face-to-face, genuine human contact offline – 'the hive' the new social life on computer networks – 'to jack in' go online – 'a meme' a contagious idea – 'a viral meme' a very contagious idea – 'netiquette' the do's and don't's of cyberworld – 'a newbie' a person new to the net – 'shareware' try-before-you-buy software – 'snail mail' *nichtelektronische Post* – 'pomo' *postmodern*

	the bug, the glitch	der Systemfehler
	to debug	von Fehlern befreien
	There's a deadly virus going round	Ein tödlicher Virus geht um
	How can I retrieve/rescue my data?	Wie kann ich meine Daten zurückholen/retten?
	I've got no access to the internet	Ich habe keinen Internetzugang
	I'll have to re-boot	Ich muss neu starten
Informatics	informatics	die Informatik
	computer studies/~ science	die Computerwissenschaft
	to programme; the pr~ing language	programmieren; die P~sprache
	to digitalize	digitalisieren
	the pixel	das Pixel, der Bildpunkt
	the utility programme; the module	das Hilfsprogramm; das Modul
	to establish a database	eine Datenbank erstellen
	the spreadsheet programme	das Tabellenkalkulations-programm
	to compress a file	eine Datei komprimieren

The Achievement	computer literacy	Computerkenntnisse
	to be computer-literate	C~verstand, -kenntnisse haben
	a major use/application/'app'	eine Hauptanwendung
	telecommuting, homeworking	die Telearbeit, Heimarbeit
	voice recognition	die Spracherkennung
	to decipher the genome	das Genom entziffern
	machine translation	die maschinelle Übersetzung
The Internet	the website; the homepage	die Web-Site; die Homepage
	the link	die Verbindung, der Link
	to be on-line, to be off-line	online sein, offline sein
	to set up a homepage	eine Homepage erstellen
	the server, proxy server	der Server, der Zwischenserver
	the portal	das Portal
	to surf the net/the web	im Internet/www surfen
	to access information	auf Informationen zugreifen
	This browser's useless	Dieser Browser bringt's nicht
	the information superhighway, infobahn, 'I-way'	die Datenautobahn, die Infobahn
Major Issues	the digital revolution	die digitale Revolution
	artificial intelligence	die künstliche Intelligenz
	data protection	der Datenschutz
	the hacker	der/die Hacker(in)
	to break/hack into a system	in ein System hineinhacken
	computer crime	die Computerkriminalität
	to mailbomb	mit E-Mails ‚bombardieren'
	the shortening of decision time, of the decision process	die Verkürzung der Entscheidungszeit, des E~prozesses
	webonomics	die Webwirtschaft
	cyberspace	der Cyberspace
	virtual reality	die virtuelle Realität
	the metaverse	das Meta-Universum

Your Words, Your World: Even in this archetypal postmodern field, the old adage of social history holds: 'Everything is older than you think'. The word 'computer' in the sense of 'one who computes or calculates' is as old as 1646 and in the sense of 'calculating machine' emerges by 1897. There is mention of a 'digital computing machine' in 1945, of industrial 'computer-control methods' in 1957 and of 'computer-aided design' in 1964. 'Computer literacy' is a concept by 1970, 'computer-aided teaching' and 'computer-aided learning' also appearing in 1962 and 1971 respectively. The abbreviation 'email' is in currency in 1982 and 'cyberspace' is famously coined in William Gibson's novel *Neuromancer* (1984).

25 UNIT Music, the Fine Arts, Aesthetics

It is difficult at all times to write of the fine arts, it is almost impossible unless one can accompany one's prose with many reproductions. EZRA POUND, 1917

Music	the sound	der Ton FF, der Schall, der Klang
	the note	die Note, der Ton
	the chord	der Akkord FF
	the tune, air; tuneful	die Melodie FF; melodisch
	the melody FF	die Tonfolge, (Lied-, Sing)Weise
	the rhythm; the time, beat	der Rhythmus; der Takt FF
	the key; the bar	die Tonart, der Takt FF
	major, minor; in C major	Dur, Moll; in C-Dur
	the pitch	die Ton-, Stimmlage
The Orchestra	the orchestra, ~ pit	das Orchester, der ~raum
	the conductor, the c~'s podium	der/die Dirigent(in), das Podium
	the strings	die Streichinstrumente, Streicher
	the wind instruments	die Blasinstrumente
	the brass instruments	die Blechbläser
	the percussion (instruments)	die Schlaginstrumente
	the keyboard instruments	die Tasteninstrumente
Smaller Units	the duo, trio, quartett, quintet	das Duo, Trio, Quartett, Quintett
	the jazz band; the big band	die Jazzband; die Bigband
	the dance band	die Tanzkapelle
	the brass band	die Blaskapelle, das B~orchester

Essential instruments are: violin *die Violine* – viola *die Bratsche* – cello *das Cello* – double bass *der Kontrabaß* – fiddle *die Geige* – the classical guitar *die klassische Gitarre* – xylophone *das Xylophon* – harp *die Harfe* – trumpet *die Trompete* – cornet *das Kornett* – trombone *die Posaune* – tuba *die Tuba* – saxhorn *das Saxhorn* – French horn *das Waldhorn*

cor anglais *das Englischhorn* – bugle *das Bügelhorn* – bassoon *das Fagott* FF – flute *die Querflöte* – clarinette *die Klarinette* – recorder *die Blockflöte* – piccolo *die Pikkoloflöte* – oboe *die Oboe* – saxophone *das Saxophon*

drums *die Trommeln* – bass drum *die Basstrommel* – snare drum *die kl. Trommel* – kettle drum *die Kesselpauke* – tomtom *das Tomtom* – tenor drum *das Standtom* – cymbals *die Becken* – triangle *die Triangel* – tambourine *das Tamburin* – gong *der Gong* – tubular bells *die Röhrenglocken* – castanets *die Kastagnetten*

piano *das Klavier* – concert/grand piano *der Flügel* – harpsichord *das Cembalo* – organ *die Orgel*

	to play an instrument	ein Instrument spielen
	the music stand	der Notenständer
Sound Quality	stirring, invigorating, uplifting	erhebend
	moving, gripping	ergreifend
	plangent	klagend
	melancholy, lugubrious	melancholisch
	lulling	beruhigend, besänftigend
	atonality, atonal	die Atonalität, atonal
Parts of Instruments	the bow, the string	der Bogen, die Saite
	the mouthpiece	das Mundstück
	the reed, single/double ~	das Blatt, Rohrblatt, Doppelblatt
	the key, key lever	die Klappe, der Klappenstiel
	the finger button	der Drücker
	the mute	der Dämpfer
	the batter head, the drum-stick	das Schlagfell, der Schlagstock
	the plectrum	das Plektron

Weigh Your Words: Note that in English the instrument one plays almost always takes the article. One 'plays the double-bass/ the piano/ the triangle' etc. Perhaps the one major exception to this is the more colloquial 'And now here's Rory on drums/here's Gary on guitar' etc.

	the wire brush	der Jazzbesen
	the keyboard, keys	die Klaviatur, Tastatur
	the piano pedal	das Klavierpedal, das Pedal
Historical Instruments	the zither; the lyre	die Zither; die Lyra
	the pan-pipe(s)	die Panflöte
	the shawm	die Schalmei
	the Aeolian harp; the Jew's harp	die Äolsharfe; die Maultrommel
	the mandolin	die Mandoline
	the clavichord; the virginal(s)	das Klavichord; das Cembalo
	the hurdy-gurdy; the barrel-organ	die Drehleier; die Drehorgel

Characteristic British/Irish/American instruments also include: the bagpipes, the pipes *der Dudelsack/die Sackpfeife* – the Uilelean pipes *der irische Dudelsack* – the bodhrán *die irische Handtrommel* – the tin whistle *die kleine Blechflöte* – the hornpipe *die Hornpipe* – the banjo *das Banjo* – the mouth organ *die Mundharmonika*

Pieces of Music	the score	die Partitur
	the symphony	die Symphonie, Sinfonie
	the movement, the third ~	der Satz, der dritte ~

Wie lieblich ist es, daß Worte und Töne da sind: sind nicht Worte und Töne Regenbögen und Schein-Brücken zwischen Ewig-Geschiedenem?
Also sprach Zarathustra, FRIEDRICH NIETZSCHE

	the concerto, piano concerto	das Konzert, Klavierkonzert
	the sonata, the cantata	die Sonate, die Kantate
	chamber music	die Kammermusik
	table music	die Tafelmusik
	the lament, the dirge	das Klage-, Trauerlied

British music, like German, uses the Italian terms: thus music is played 'crescendo', 'forte', 'fortissimo', 'piano', 'pianissimo', 'staccato', 'largo', 'andante', 'moderato', 'stringento', 'ritardando'.

	muzak	die Musikberieselung
Singing	to sing in a choir	in einem Chor singen
	soprano, alto, tenor, bass	Sopran, Alt, Tenor, Bass
	to have a good alto voice	eine gute Alt-Stimme haben
	pitch	die Tonhöhe, -lage; Stimmlage
	to have perfect pitch	das absolute Gehör haben
	a resonant voice	eine Stimme mit Volumen
	to sing out of tune; to caterwaul	falsch/schief singen; jaulen
Pop Music	the group, band	die Gruppe, die Band
	the boy group, girl group	die Boy-/Girl-Gruppe
	the gig, to play a gig	der Gig, einen Gig spielen

The vast majority of dances are identical in the two languages. Thus the 'Charleston' is *der Charleston*, the 'twist' *der Twist* etc. Among the few slight exceptions are the 'waltz' *der Walzer* and the 'foxtrot' *der Foxtrott*. Note also: 'step/tap dancing' *der Stepptanz*.

Musical Notation	musical notation	die Musiknotation
	the clef	der Notenschlüssel
	time signatures; intervals	die Taktarten; die Intervalle
	the scale, to play one's scales	die Tonleiter, die ~ spielen
	the tuning fork	die Stimmgabel
The Fine Arts	painting, the painter	das Malen, der/die Maler(in)
	sculpture, the sculptor	die Bildhauerei, der Bildhauer
	wood-carving, the wood-carver	das Holzschnitzen, der /die Holzschnitzer(in)
	the etching, the etcher	die Radierung, der Radierer
	the engraving, the engraver	der Kupferstich, Kupferstecher
	architecture, the architect	die Architektur, der Architekt
	the artifact	das Artefakt, das Kunsterzeugnis
Painting	the canvas	die Leinwand
	the palette, a broad palette	die Palette, eine breite ~

Wordwise: Note that the common German idiom *eine breite Palette an* is usually rendered 'a broad spectrum of', 'a broad range of'. A far-ranging novelist, however, is said to employ 'a broad canvas'.

	the spatula	das Palettmesser, der Spatel
	painting techniques	Bild-, Maltechniken
	perspective, central perspective	die Perspektive, Zentral~
	to paint in oils/water colours	mit Öl-/Aquarellfarben malen
	pastel colours	die Pastellfarben
	acrylic	Acryl
	the brush; brushwork; brushstroke	der Pinsel; die P~führung/der P~duktus; der P~strich
	to lay on colour, the layer of ~	Farbe auftragen, die Farbfläche
	the coloration; colour value	die Farbgebung; der Farbwert
	gradations of colour	Farbabstufungen
	the chiaroscuro	das Helldunkel
	painterly	schwunghaft
	thickly spread/applied, pastose	pastos
	the foreshortening	die Verkürzung
	colour perspective	die Farbperspektive
	the blueing, greying	die Verblauung, Vergrauung
	the shade, shading; the nuance	die Schattierung; die Nuance
	depth	die Tiefe
	the drapery, fall (of the folds)	der Faltenwurf, der Gewandfall
In the Studio	the artist's studio	das Atelier, Studio
	the easel	die Staffelei
	the articulated mannequin	die Gliederpuppe
	to sit for an artist, the sitting	Modell sitzen, die Sitzung
	to work as an artist's model	einem Maler M~ stehen/sitzen
Sketching	the crayon, charcoal	der Buntstift, die (Holz-)Kohle
	the sketching block	der Skizzenblock
	pen and ink; gouache	Feder und Tusche; die Gouache
	the print	der Kunstdruck
Types of Painting	the landscape, the landscapist	das Landschaftsgemälde, -bild
	the seascape	das Seegemälde, Seestück
	the veduta	das Vedutenbild
	the portrait; the nude	das Porträt; der Akt FF
	the domestic scene; the interior	die häusliche Szene; das Intérieur
	the genre painting	das Genrebild
	the historical painting	die Historienmalerei
	the still life	das Stilleben
	the abstract; abstract	das abstrakte Bild; abstrakt
	the vignette, miniature; the cameo	die Vignette, Miniatur; Kamee
	the triptych	das Triptychon
	the mosaic, tesselated pavement	die Mosaik, der Mosaikboden
Sculpture	hammer and chisel	Hammer und Meißel
	the sculpture	die Plastik, Skulptur
	the statue	die Bildsäule, Statue

	the monument	das Denkmal
	the bronze, bronze casting	die Bronze, der Bronzeguss
	the plaster-cast	der Gipsabdruck, -abguss
	the cast	der Guss, die Gussform
	the bust, the torso	die Büste, der Torso
	the mobile	das Mobile
	pataphysical	pataphysisch
	to punch, chase, emboss	punzen
Woodwork	woodwork	die Holzarbeit, Arbeit in Holz
	inlay, inlaid work, marquetry	die Einlegearbeit, die Intarsien
	the joiner	der Schreiner, Tischler
	to turn, turned	drechseln, gedrechselt
	the plane, to plane	der Hobel, hobeln
Funding	funding	das Subventionieren
	the patron of the arts	der Kunstgönner, -mäzen
	the donor, founder	der Stifter
The Artistic Person	artistic	künstlerisch, musisch FF
	bohemian	bohemien
	arty-farty	affig, aufgeputzt
	to attend Art School	die Kunstakademie besuchen
	the collector, to collect	der/die Sammler(in), sammeln
	the dilettante	der/die Laienkünstler(in)
	the dauber	der Farbkleckser
	the philistine	der Banause, Philister
Aesthetics	aesthetics, aesthetic	die Ästhetik, ästhetisch
	the aesthetic experience	die ästhetische Erfahrung
	the subject	der Gegenstand, das Objekt
	a rewarding, worthwhile subject	ein dankbares Objekt
	the use of space	die Raumanordnung
	the pictorial space	der Bildraum
	plasticity	die Plastizität
	sensuous perception	die sinnliche Wahrnehmung
	the sensuous semblance	der sinnliche Schein
	grace and dignity	Anmut und Würde
	taste, good taste	der Geschmack, der gute ~
	the sublime	das Erhabene
	representational, mimetic	bildhaft, mimetisch
The Aesthetic Experience	tension	die Spannung
	to arouse curiosity	Neugier erregen
	to resolve a contradiction	einen Widerspruch lösen
	the recipient, observer	der Rezipient, Betrachter
	the reproduction, to reproduce, reproducability	die Reproduktion, reproduzieren, die Reproduzierbarkeit
	accessible, accessibility	zugänglich, die Zugänglichkeit

	the copy, the replica	die Kopie, Nachbildung
	faithful	originalgetreu
	the replica, the original	das Replikat, das Unikat
Qualities of Art	profound; superficial	profund, tiefsinnig; oberflächlich
	to broaden our experience	unsere Erfahrung erweitern
	to modify, transform our perceptions	unsere Wahrnehmungen modifizieren, verwandeln
	to deviate from the norm	von der Norm abweichen
	trail-blazing, iconoclastic	bahnbrechend, zukunftsweisend
	epigonal	epigonenhaft
	highly imitative, mere imitation	epigonenhaft, nur Abklatsch
	kitsch, kitschy	der Kitsch, kitschig

Most of the international artistic movements which succeed realism have international names: impressionism *der Impressionismus* – postimpressionism *der Post-/Nachimpressionismus* – symbolism *der Symbolismus* – cubism *der Kubismus* – expressionism *der Expressionismus* – futurism *der Futurismus* – Vorticism *der Vortizismus* – surrealism *der Surrealismus* – pop art *die Pop-Kunst* – op-art *die Op-Art*. More specifically German movements such as *der blaue Reiter* and *die Brücke* tend to be left untranslated in English. Two exceptions are the 'new sobriety' *die Neue Sachlichkeit* and 'art nouveau' *der Jugendstil*

The Making of a Work of Art	the conception, inspiration	die Konzeption, Inspiration
	the appropriate form	die adäquate/angemessene Form
	significant form	die signifikante Form
	the suitability, appropriateness	die Stimmigkeit
	the execution, to execute	die Ausführung, ausführen
	to compose; the composition	komponieren; der Bildaufbau
	the foreground, middle ~, back~	der Bildvordergrund, mittel~, hinter~
	the skill	die Kunstfertigkeit
	to create, creative	schaffen, kreieren; schöpferisch
	the first/private viewing	die Vernissage
	the art-loving public	das Kunstpublikum

Your Words, Your World: It is instructive to note how young some of the above concepts are. While 'painting' 1225, 'music' 1250 and 'sculpture' 1390 are long-established words in English, the notion of artistic 'taste' emerges, in Milton, only in 1671, and the idea of 'the sublime' only in 1679. Even younger is 'aesthetics', which comes in from the German in 1832. An intriguing word-history is that of 'bohemian', which first meant 'gipsy' 1696, before taking on its present sense in Thackeray's *Vanity Fair* (1848). Perhaps the most striking development, however, is that of 'philistine': it meant first 'alien warlike people' 1382, then 'the opponent' 1660, then 'one not at university' 1824, taking its modern sense only in Carlyle in 1827.

26 UNIT Time, Past Time and Historiography

L'histoire est le produit le plus dangereux que la chimie de l'intellect ait élaboré.
Regards sur le monde actuel (1945), PAUL VALÉRY

Time	the passage/passing/course of time	der Verlauf der Zeit
	the sweep/flow of time	der Fluss der Zeit, Strom der Zeit
	it is all in flux, in a state of flux	es ist alles im Fluss
	the ravages of time	der Zahn der Zeit
	to elapse, expire	vergehen, ablaufen
	to proceed, advance	fortschreiten, weitergehen
	the race against time	der Wettlauf mit der Zeit
	time-consuming	zeitraubend
	temporality	die Zeitlichkeit
	timeless, dateless	zeitlos
Kairos	at this juncture/this point in time	in diesem Augenblick
	the fateful moment	der verhängnisvolle Augenblick
	the moment of truth	die Stunde der Wahrheit
Short Lengths of Time	a moment, an instant	ein Augenblick
	in a flash, in a twinkling of an eye	im Nu, blitzschnell
	brief, short-lived	kurz, von kurzer Dauer
	fleeting, transient,	flüchtig, vorübergehend
	evanescent, ephemeral	vergänglich, ephemer
	transience, evanescence	die Vergänglichkeit
Periods	a stretch of time, space of time	eine Zeitspanne
	the period	die Periode
	the generation	das Menschenalter
	the age; the Victorian Age, Victorian Period	das Zeitalter; das viktorianische ~, die viktorianische Epoche
	epoch-making	epochemachend, bahnbrechend
	the decade [FF]; the century	das Jahrzehnt; das Jahrhundert
	the turn of the century, *fin-de-siècle*	die Jahrhundertwende
	the millennium	das Millennium, Jahrtausend
	the (end of the) millennium	die Jahrtausendwende
	the epoch [FF]	der lange Zeitabschnitt
	the aeon	die Äone, die Ewigkeit
	the stage, phase	das Stadium, die Phase
Interims	the interim, meantime, interlude	die Zwischenzeit
	at intervals	dann und wann, periodisch
	the lull, intermission	die Pause, die Unterbrechung
	the lull before the storm	die Ruhe vor dem Sturm
	the respite	der Aufschub

Long Periods	lengthy	(sehr) lang, übermäßig lang
	unending, never-ending	nicht enden wollen
	prolonged	anhaltend
	eternity; infinite, eternal	die Ewigkeit; unendlich, ewig
Duration	the duration, length of time	die Dauer, Zeitdauer
	down the ages	durch die Jahrhunderte
	stability, instability	die Stabilität, Instabilität
	to continue, to endure	fortdauern, fortbestehen
	to outlast, outlive, survive	überdauern, überleben
	to prolong, extend, protract	verlängern, ausdehnen
	lasting, enduring, abiding	anhaltend, fortdauernd
Aspects of Time	the past; past	die Vergangenheit; vergangen
	the present; present	die Gegenwart; gegenwärtig
	the future; future	die Zukunft; (zu)künftig
	current, topical, up-to-date	aktuell FF
	trail-blazing, ground-breaking	bahnbrechend
	leading edge, cutting edge, state-of-the-art	modernst, neuest, auf dem neuesten Stand
	timely/untimely, in season/out of ~	zeitgemäß/unzeitgemäß
	dated	überholt
	out-of-date, old-fashioned	altmodisch

Das sicherste Mittel, unverständlich oder vielmehr mißverständlich zu sein, ist, wenn man die Worte in ihrem ursprünglichen Sinne braucht; besonders Worte aus den alten Sprachen. FR. SCHLEGEL

	antique FF	antik, alt
	antediluvian	vorsintflutlich
	to date from, to stem from	stammen aus, entstanden sein in
	to date back to	zurückreichen bis, z~gehen auf
	it can be traced back to	es lässt sich zurückverfolgen bis
Keeping Time	punctual FF, impunctual	pünktlich FF, unpünktlich,
	punctuality	die Pünktlichkeit
	to be on the dot	auf die Minute genau sein
	to keep pace with	Schritt halten mit
Historians	the historian	der/die Historiker(in)
	the contemporary historian	der/die Zeithistoriker(in)
	the social historian	der/die Sozialhistoriker(in)
	the cultural historian	der/die Kulturhistoriker(in)
	the mediaevalist	der/die Mediävist(in)
	the archaeologist	der/die Archäologe/ogin
	the antiquarian	der/die Antiquar(in)

History	chronological time	die chronologische Zeit
	the temporal structure	die Zeitstruktur
	the simultaneity of the non-simultaneous	die Gleichzeitigkeit des Ungleichzeitigen
	to locate temporally	zeitlich orten
	diachronic	diachron
	synchronic, synchronicity	synchron, die Sychronizität
	the time layer/level	die Zeitebene
Development	progress	der Fortschritt
	regression	der Rückschritt, die Regression
	stasis, marking time	der Stillstand
Evidence	the source	die Quelle
	critical handling of sources	der kritische Umgang mit Q~n
	the document	das Dokument, die Akte FF
	the witness	der/die Zeitzeuge(zeugin)
	to vouch for sth.	etw. bezeugen
	to sift the evidence	das Beweismaterial sichten
	to demonstrate, prove	belegen, beweisen
	the archive(s), the archivist	das Archiv, der Archivar

Language is the archives of history. RALPH WALDO EMERSON

Ways of Classifying Events	the rise	der Aufstieg
	the emergence of	die Entstehung , der Aufstieg
	the fall, decline, demise	der Niedergang
	the continuity, discontinuity	die Kontinuität, Diskontinuität
	the watershed	die Wasserscheide
	the turning point	der Wendepunkt
	a milestone on the way	ein Meilenstein auf dem Weg

Weigh Your Words: The three words 'past', 'historic', 'historical' are not synonymous. 'Past' means *vergangen*. 'Historical' is *geschichtlich* or *historisch verbürgt*. 'Historic' means *historisch* in the sense of *epochemachend*.

This marks an epoch	Dies ist ein Markstein
the harbinger, presage, portent	der Vorbote
to foreshadow	ahnen lassen, vorankündigen
the precursor, forerunner	der Vorläufer
to anticipate	vorwegnehmen
to pre-date by 100 years	um 100 Jahre voraus sein
to be ahead of one's time	seiner Zeit voraus sein
the premonition	die Vorahnung
the omen, ill omen	das Omen, das schlechte Omen
the straw in the wind	der Unheilsbote

Until we learn the use of living words we shall continue to be waxworks inhabited by gramophones. WALTER DE LA MARE

Essential Periods/ Phases

the periodization	die Periodisierung
prehistory, prehistorical	die Urgeschichte, ur~lich
(classical) antiquity FF	die (klassische) Antike FF
the migration of nations	die Völkerwanderung
the Dark Ages	das frühe Mittelalter
Christianization	die Christianisierung
the Middle Ages, High ~	das Mittelalter, Hoch~
feudalization	die Feudalisierung
the crusades; the crusader	die Kreuzzüge; der Kreuzritter
the Black Death, the pestilence	der Schwarze Tod, die Pest
the famine, the 'hunger'	die Hungersnot
the (early) modern period/age	die (frühe) Neuzeit

The major pre-historic ages are: the Ice Age *die Eiszeit* – the Stone Age *die Steinzeit* – the Palaeolithic Age *das Paläolithikum (Altsteinzeit)* – the Mesolithic Age *das Mesolithikum (Mittelsteinzeit)* – the Neolithic Age *das Neolithikum (Jungsteinzeit)* – the Bronze Age *die Bronzezeit* – the Iron Age *die Eisenzeit*

the Renaissance	die Renaissance
the discovery of (the) America(s)	die Entdeckung Amerikas
the Reformation	die Reformation
the dissolution of the monasteries	die Aufhebung der Klöster
the Counter-Reformation	die Gegenreformation
the nation state	der Nationalstaat

Eine Nation, es läßt sich nicht leugnen, das ist, will man gut von ihr reden, doch vor allem ein Club von Sprachabhängigen. PETER SLOTERDIJK

absolutism	der Absolutismus
the *ancien régime*	das *ancien régime*
the Enlightenment	die Aufklärung
enclosure	Einhegung von Gemeindeland
the Industrial Revolution	die Industrielle Revolution
industrialization	die Industrialisierung
urbanisation	die Verstädterung
the abolition of the slave trade	Abschaffung des Sklavenhandels
the Age of Reform	das Reformzeitalter
Reform, the Great Reform Bill	die Wahlkreisreform von 1832
the Chartist Movement, Chartism	Chartistenbewegung
nationalism	der Nationalismus
the Age of Imperialism	das Zeitalter des Imperialismus
the League of Nations	der Völkerbund
the world economic crisis	die Weltwirtschaftskrise
the interwar years	die Zwischenkriegszeit

	fascism	der Faschismus
	the (Wall Street) Crash	der amerik. Börsensturz
	the Depression	die Depression
	the Battle of Britain	die Schlacht um Großbritannien

Zu dieser Insel fliegt ein Dank, für den es Worte nicht gibt.
Ich kam nach England, ALFRED KERR

	the Blitz, blitz	die Bombardierung Londons und anderer Städte
	de-colonization	die Entkolonialisierung
Europe since 1945	economic reconstruction	der Wiederaufbau
	the Common Market	der Gemeinsame Markt
	the European Economic Community (EEC)	die Europäische Wirtschaftsgemeinschaft (EWG)
	the European Union (EU)	die Europäische Union (EU)
	the common currency	die gemeinsame Währung
	the Fall of the Wall, the collapse of communism	die Wende 1989, der Zusammenbruch des Kommunismus
Monarchies	the sovereign, monarch	der Monarch
	the heir to the throne	der/die Thronfolger(in)
	the second in line to the throne	der/die Zweite in der Erbfolge
	the pretender (to the throne)	der (Thron-/Kron-)Prätendent
	the interregnum	das Interregnum
	the Regent	der/die Regent(in)
	to ascend the throne	den Thron besteigen
	to abdicate, stand down	abdanken
	to be deposed	entthront werden
	to be beheaded	enthauptet werden
	the Restoration	die Restauration
	the constitutional monarch	der konstitutionelle Monarch

Wordwise: 'To reign' and 'to rule' are not synonyms. 'To reign/the reign' are the words for any monarch's time on the throne; 'to rule/the rule' are the terms for the exercise of power by pre-constitutional monarchs. Thus Elisabeth I both reigned and ruled; Elisabeth II only reigns.

Invasions	the immigration of the Celts	die Einwanderung der Kelten
	the Roman invasion	die römische Invasion
	to invade	einfallen in
	the (Norman) Conquest	die (normannische) Eroberung
	the departure (of the Romans)	der Abzug (der Römer)
Revolts	the revolt, peasants' revolt	der Aufstand, Bauernaufstand
	the uprising	die Volkserhebung, der Aufstand
	they rose up against	sie erhoben sich gegen
	the civil war	der Bürgerkrieg

	to rise up in arms	zu den Waffen greifen
	to overthrow a régime	ein Regime stürzen
	the Bill of Rights	die Freiheitsurkunde
	the insurgent	der/die Aufständische
	the mutiny, mutineer	die Meuterei, der Meuterer
	to put down, quell an uprising	einen Aufstand niederschlagen
	the revolution, peaceful r~	die Revolution, friedliche R~
	the Terror	die Schreckensherrschaft
Fanaticism	the witch hunts	die Hexenjagd, der Hexenwahn
	the pogrom	der Pogrom
	to be burned at the stake, burned alive	auf dem Scheiterhaufen verbrannt werden
The Roman Past	the emperor	der Kaiser
	the triumvirate	das Triumvirat
	the tribune of the people	der Volkstribun
	the orator, oratory	der Orator, die Rednerkunst
	the plebs	die Plebs
	the forum	das Forum
	the legion; the legionary	die Legion; der Legionär
	the phalanx	die Phalanx
	bread and circuses	Brot und Spiele
	the gladiator, gladiatorial	der Gladiator, Gladiatoren-
Christendom	the Holy Roman Empire	das Heilige Römische Reich
	the See of Rome, the Holy See	der Heilige Stuhl
	the papal bull	die päpstliche Bulle
	the schism	die Schisma, Kirchenspaltung
	the Investiture Contest	der Investiturstreit
Colonialism	the colony, the colonist	die Kolonie, der/die Siedler(in)
	the plantation BrE (*arch.*)	die Siedlung
	to settle, BrE (*arch.*) to plant	besiedeln
	the freebooter, the pirate	der Freibeuter, der Pirat
	imperialism, the imperialist	der Imperialismus, Imperialist
	to grant independence to	in die Unabhängigkeit entlassen
The German Past	Prussia	Preußen
	particularism	die Kleinstaaterei
	the Wars of Liberation	die Befreiungs-, Freiheitskriege
	the Customs Union	der Zollverein
	the German Confederation	der deutsche Bund
	the Franco-Prussian War	der deutsch-französische Krieg
	the founding of the Reich	die Reichsgründung
	the Wilhelmine Age	die Wilhelminische Epoche
	the Weimar Republic	die Weimarer Republik

Nazism	National Socialism, Nazism	der Nationalsozialismus
	the Nazi	der Nationalsozialist
	the Röhm putsch	der Röhm-Putsch
	Hitler's seizure of power	die Machtergreifung
	the burning of the Reichstag	der Reichstagsbrand

Erreichbar, nah und unverloren blieb inmitten der Verluste dies eine: die Sprache. PAUL CELAN

	the night of the long knives	die Nacht der langen Messer
	remilitarisation	die Remilitarisierung
	the *a/Anschluß*; the *b/Blitzkrieg*	der Anschluss; der Blitzkrieg
	the defeat at Stalingrad	die Niederlage vor Stalingrad
	the submarine war	der U-Boot-Krieg
	the desert war	der Wüstenkrieg
	the Battle of the Bulge	die Ardennenoffensive
Post-War Germany	point zero	die Stunde Null
	partition	die Teilung
	the founding of the Federal Republic/of the GDR	die Gründung der Bundesrepublik/der DDR
	the currency reform	die Währungsreform
	the Berlin air lift	die Berliner Luftbrücke
	the economic miracle	das Wirtschaftswunder
	the Grand Coalition	die Große Koalition
	reunification	die Wiedervereinigung
Memory and Tradition	cultural memory	das kulturelle Gedächtnis
	performative memory	das performative Erinnern
	to invent a tradition	eine Tradition erfinden/stiften
	the theatre of memory, site of ~	der Erinnerungsort

Your Words, Your World: Perhaps the most interesting word-history in this field is that of 'history' itself. It begins in Gower 1390 in the sense of a 'tale', moves on to mean in Caxton a 'methodical record in order of time of important or public events' 1485, and takes on the sense of 'a branch of knowledge' between Shakespeare and Hobbes, whose *Leviathan* (1651) states that 'The Register of Knowledge of Fact is called History'. 'Antiquarians' have been so called since 1610, but 'mediaevalists' only since 1874. The term the 'Middle Age(s)' goes back only as far as Donne 1621 and the 'Dark Ages' only to 1730. A 'harbinger' was first a person sent ahead to procure lodgings for an army 1386, before taking on its modern sense in 1572.

27 UNIT Thought, Debate and Philosophy

Wer ohne Philosophie nicht leben kann, ist kein Philosoph. HANS BLUMENBERG, 1988

The Basics

the thinker	der Denker/die Denkerin
the philosopher	der Philosoph/die Philosophin
to philosophize	philosophieren
to ponder; ponder sth.	nachdenken; nachdenken über
to meditate	meditieren
to ruminate	nachdenken, wiederkäuen
to speculate, speculation	spekulieren, die Spekulation
the hypothesis	die Hypothese
the conjecture	die Konjektur
the view, notion	die Anschauung
the condition	die Bedingung
the concept	der Begriff

All words are pegs to hang ideas on.
Proverbs from Plymouth Pulpit, HENRY WARD BEECHER

existence, being	das Dasein, Sein, das Seiende
the manifestation	die Erscheinungsform
prejudice	das Vorurteil
the spirit of the age, *zeitgeist*	der Zeitgeist

The language of thinking contains many true friends: 'a priori', 'a posteriori', 'horror vacui', 'a fortiori', 'mutatis mutandis' all remain unchanged. Note also: 'the attribute' *das Attribut* – 'the aporia' *die Aporie* – 'categorical' *kategorisch* – 'the definition' *die Definition* – 'dialectic(s)' *die Dialektik* – 'the dilemma' *das Dilemma* – 'the Either/Or' *das Entweder-Oder* – 'holist' *holistisch* – 'the imperative' *der Imperativ* – 'logic' *die Logik* – 'the postulate' *das Postulat* – 'the principle' *das Prinzip, der Grundsatz*

Elements of an Argument

a logical deduction	eine logische Schlussfolgerung
the corollary	der Folgesatz
a chain of thought	ein Gedankengang
the thesis, antithesis, synthesis	die These, Antithese, Synthese
the non sequitur	die irrige Folgerung
the fallacy	der Trugschluss, der Irrtum
a false premise	eine falsche Prämisse
a paradox	ein Paradoxon, eine Paradoxie
the specious argument	das trügerische Argument
hair-splitting	die Haarspalterei

Qualities of Argument	logical, illogical	logisch, unlogisch
	cogent, forceful	zwingend
	valid, invalid	gültig, ungültig
	consistent, inconsistent	konsequent FF, inkonsequent FF
	unlikely, improbable	unwahrscheinlich

Denn nichts anderes ist doch wohl die Sprache als das in die Erscheinung übergehende Denken, welches dennoch Denken bleibt? KARL W. F. SOLGER

unsound	unzutreffend
exaggerated	übertrieben, überzeichnet
shaky	auf tönernen Füßen stehend
deeply flawed	zutiefst fehlerhaft
far-fetched	an den Haaren herbeigezogen
irrelevant, beside the point	irrelevant, unerheblich
preposterous	lächerlich, grotesk
hair-raising	haarsträubend
untenable	unhaltbar
confused, woolly	verworren
a red herring	ein Ablenkungsmanöver
sophistry	die Sophisterei

Activities of Thought	to demonstrate, prove	beweisen
	to provide evidence	Beweismaterial vorlegen
	to substantiate	begründen, untermauern
	to disprove, refute	widerlegen
	to investigate; to analyse	untersuchen; analysieren
	to deduce, the deduction	deduzieren, die Ableitung
	to infer, the inference	schließen, folgern; die Folgerung

Ohne Worte denken zu wollen, wie Mesmer einmal versucht hat, erscheint daher als eine Unvernunft, die jenen Mann, seiner Versicherung nach, beinahe zum Wahnsinn geführt hätte. G. W. F. HEGEL

Debate, Discussion	the talks, discussions	die Gespräche
	to be in favour of/against sth.	für/gegen etwas sein
	to achieve an agreement	eine Einigung herbeiführen
	to come to a compromise	zu einem Kompromiss kommen

Key phrases for use in discussions are: 'Your argument doesn't stand up' *Ihr Argument hält einer Analyse nicht stand* – 'That is a strong point' *Das ist ein gutes Argument* – 'She has made out a good case' *Sie hat gute Argumente hervorgebracht* – 'You are begging the question' *Du bleibst die Antwort auf die Frage schuldig* – 'That's a distinction without a difference' *Das ist eine Unterscheidung ohne tatsächlichen Unterschied* – 'That's an empty assertion' *Das ist eine bloße Behauptung* – 'I'm sticking to my guns' *Ich bleibe bei meinem Standpunkt* – 'Opinions are divided on this point' *Hier scheiden sich die Geister*

	the quorum	die Beschlussfähigkeit
	Are we quorate?	Sind wir beschlussfähig?
Agreeing	I wholly agree with you, I am totally of your opinion	Ich stimme vollkommen mit Ihnen überein
	I have nothing to add	Ich habe dem nichts hinzuzufügen
	I subscribe to that opinion	Ich pflichte dem bei
	Hear, hear!	Jawohl!
Disagreeing	I disagree	Ich bin anderer Ansicht
	I have my doubts	Ich habe meine Zweifel
	I beg to differ, to take another view	Ich erlaube mir, anderer Meinung zu sein
	I must take issue with you	Ich muss Ihnen widersprechen
	You are confusing two different things	Sie verwechseln zweierlei
	You're fudging the issue	Sie verwischen die Konturen
	You have failed to convince me	Sie haben mich nicht überzeugt
Major Philosophical Issues	perception	die Wahrnehmung
	sensation	die (Sinnes)Wahrnehmung
	ontology, ontological	die Ontologie, ontologisch
	epistemology, epistemological	die Epistemologie, e~logisch
	mind; mind and matter	der Geist; Geist und Materie
	reason	die Ratio FF, die Vernunft

Halbdenker haben naturgemäß viel Zeit zum Sprechen. HANS KASPER

memory; the memory	das Gedächtnis; die Erinnerung
recognition	das (Wieder)Erkennen
consciousness	das Bewusstsein
experience	die Erfahrung
imagination, representation	die Vorstellung
cognition, cognitive	das Erkennen, kognitiv
knowledge	das Wissen
objectivity, subjectivity	die Objektivität, Subjektivität
causation	Verursachung; Ursächlichkeit
contingency; chance	die Kontingenz; der Zufall
necessity	die Notwendigkeit
volition	das Wollen
space and time	Raum und Zeit
truth, falsehood	die Wahrheit, Unwahrheit
universals	Allgemeinbegriffe, Universalien
good and evil	gut und böse
metaphysics, metaphysical	die Metaphysik, metaphysisch

Philosophical Attitudes	free will	der freie Wille
	voluntarism	der Voluntarismus
	belief in fate	der Schicksalsglaube
	determinism	der Determinismus
	the will-to-power	der Wille zur Macht
	being unto death	das Sein zum Tode
	scepticism	die Skepsis, Skeptizismus
	casuistry	die Kasuistik
	eclecticism	der Eklektizismus

Man erlernt also nicht bloß Worte, sondern erwirbt Begriffe. Dies ist vorzüglich bei Erlernung der alten Sprachen der Fall. ARTHUR SCHOPENHAUER

Philosophical Schools	a school of thought	eine geistige Richtung
	Stoicism	die Stoa
	Platonism	der Platonismus
	Kantianism, neo-Kantianism	der Kantianismus, Neuk~
	the neo-Kantian	der Neukantianer
	Hegelianism	der Hegelianismus

Wordwise: As the examples here suggest, the names for the vast majority of philosophical schools and directions are largely unsurprising in translation. Thus *der Monismus* is 'monism', *der Idealismus* is 'idealism' etc. Followers of philosophers take the personal name + '-ean', '-ian' or '-ist'. Thus one is a 'Pythagorean', 'Humean', 'Bergsonian', 'Husserlian', 'Scotist' or 'Thomist'.

nihilism	der Nihilismus
Linguistic Philosophy	die Sprachphilosophie
Pragmatism	der Pragmatismus
Existentialism	die Existenzphilosophie

Your Words, Your World: Some of the above words are among the oldest in the English language – 'to think', for example, dating from at least 888. Several others emerge in the course of the early mediaeval disputes: 'being' is present by *c.* 1325, 'existence' by 1384, 'reason' (in the sense of 'intellectual faculty') by 1225, 'philosopher' by 1325, 'logic' by 1362 and 'disprove' by 1380. 'Scepticism' crops up first in the Cromwellian period around 1652. 'Nihilism' is an early C 19th coinage; 'Existentialist', unsurprisingly, is first recorded in 1945.

28 UNIT Beliefs, Worship and Theologies

We are talking not about two storeys but about two stories. JOHN A. T. ROBINSON, 1971

Belief and Disbelief

the belief	der Glaube
the doctrine, creed	die Doktrin, das Kredo
the believer	der/die Gläubige
the disciple	der Jünger
the follower, the adherent	der Anhänger/die Anhängerin
the heresy	die Häresie, Ketzerei, Irrlehre
disbelief	der Unglaube
the non-believer, unbeliever	der/die Ungläubige, Zweifler(in)
the agnostic	der/die Agnostiker(in)
the humanist, humanism	der Humanist, der Humanismus
the sceptic, sceptical	der Skeptiker, skeptisch
the hypocrite, hypocritical; the Pecksniff, Tartuffe	der Heuchler, heuchlerisch, gleisnersich; der Scheinheilige
the heretic, heretical	der Ketzer, ketzerisch
the free-thinker	der Freigeist
the sacrilege, blasphemy	der Frevel, die Gotteslästerung
profane FF	frevlerisch
the atheist, atheism	der Atheist, der Atheismus
the heathen, the pagan; heathen	der Heide; heidnisch
the infidel	der Ungläubige

Weigh Your Words: 'The heathen' is the standard translation for *der Heide*; 'infidel' is the historical term from the crusading era; 'pagan', in modern English, can have the additional sense of 'hedonist', 'sensualist'.

superstition, superstitious	der Aberglaube, abergläubisch
idolatry, idol worship	der Götzendienst
the graven image	das Götzenbild
sacred; secular	heilig; säkular, profan FF

Degrees of Belief

orthodoxy, unorthodoxy	die Orthodoxie, Unorthodoxie
devotion, devout, reverent	die Andacht, andächtig
piety, pious	die Frömmigkeit, fromm
god-fearing, godly	gottesfürchtig
the awe	die Ehrfurcht, heilige Scheu

A word spoken in due season, how good it is! Proverbs, XV, 23

the fanatic, fanatical	der/die Fanatiker(in), fanatisch
the zealot, 'Bible-puncher', zealous	der/die Eiferer(in), eifernd

the bigot, bigoted	der Frömmler, bigott
1. fervent 2. ardent 3. perfervid	1. feurig 2. glühend 3. inbrünstig
sanctimonious, unctuous	frömmelnd, salbungsvoll
the waverer, wavering	der Schwankende, schwankend
the back-slider	der/die Rückfällige
to back-slide, to fall away, to lapse	vom Glauben abfallen
irreverent	ehrfurchtslos

Denominations

the denomination, the confession	die Konfession
the free church, the free churchman	die Freikirche, der Freikirchler
the sect	die Sekte/Gemeinde; Konfession
charismatic	charismatisch
the guru	der Guru
sectarianism, sectarian	das Sektenwesen, sektiererisch

Weigh Your Words: Note that the word 'sect' does not necessarily have the somewhat negative touch of the German *Sekte* and *Sektenwesen*. 'Sect' can be more or less neutral and synonymous with *Konfession*.

Christianity

Christianity	das Christentum [FF]
Christendom [FF]	die Christenheit
the Christian	der Christ [FF]/die Christin
to christianize	verchristlichen

British Denominations

the Anglican Church, C~ of England, Established C~	die anglikanische Kirche
the Anglican	der/die Anglikaner(in)
the Anglican Compromise	der anglikanische Kompromiss
the broad church	die ‚breite', umfassende Kirche
the high church	ritualistische, katholisierende anglikanische Kirche
the low church	streng protestantische, fast puritanische anglik. Kirche
evangelical [FF]	missionierend

Weigh Your Words: The two words 'evangelical'/*evangelisch* are not identical in meaning. *Evangelisch* means 'Protestant' or 'Lutheran', whereas 'evangelical' tends to denote a type of proselytizing (*Missionieren*) more characteristic of the English low church or of German *freie Gemeinden* and akin to the German *evangelikal*.

the (Roman) Catholic Church	die katholische Kirche
the Catholic	der/die Katholik(in)
the Jesuit, jesuitic	der Jesuit, jesuitisch
the Lollard, Lollardy	der Lollard, der Wyclifismus

Whence and Why: The Lollards, the followers of John Wyclif(fe) (1320–84), were England's first real heretics, marking both the first British deviation (*Abweichung*) from the path of Rome and the beginnings of Britain's historical *Sonderweg*. They criticized the value of the sacraments (*die Sakramente*), celibacy (*das Zölibat*), Church property and the veneration of saints (*die Heiligenverehrung*). As a Reformer (*Reformator*) before the Reformation (*Reformation*), Wyclif is commemorated on the *Reformationsdenkmal* in Speyer.

	Protestantism	der Protestantismus
	the Baptist Church; the Baptist	die Baptistische Kirche; Baptist
	the Anabaptist	der Wiedertäufer
	the Presbyterian Church	die Presbyterianische Kirche
	the Presbyterian	der/die Presbyterianer(in)
	the Congregationalist	der Independent
	the Quaker	der/die Quäker(in)
	the Puritan, puritan(ical)	der Puritaner, puritanisch
	the Episcopalian Church	die Episkopalkirche
	Methodism, the Methodist	der Methodismus, der Methodist
	the dissenter, recusant	der Nichtanglikaner
Further, American Denominations	the Shakers	die Shaker
	the Mennonites	die Mennoniten
	the Mormons	die Mormonen
	the Jehovah's Witnesses	die Zeugen Jehovahs
	Church of Scientology	die Scientologische Kirche
	the scientologist	der Scientologe
Monastic Orders	the abbot, abbess/mother superior	der Abt, die Äbtissin/Oberin
	the monk, the friar	der Mönch
	the monastic order	der Mönchsorden
	the nun	die Nonne
	the hermit	der Eremit, der Einsiedler
	the hermitage, the cell	die Klause, die Zelle
	the novice, to initiate	der Novize, einweihen
	the oath, to take an ~	das Gelübde, ein ~ ablegen
	Gregorian chant	der gregorianische Gesang
Monastic Life	moderation, discipline	die Mäßigung, die Zucht
	poverty, chastity	die Armut, die Keuschheit
	asceticism, seclusion	die Askese, Weltabgewandtheit
	community of goods	die Gütergemeinschaft

Wordwise: The Dominicans (*Dominikaner*), est. 1215, like the Franciscans (*Franziskaner, Minoriten*), est. 1220, and the Carmelites (*Karmeliter*), est. 1209, were a 'mendicant order' (*Bettelorden*), the Benedictines (*Benediktiner*), est. 1012, a 'teaching order' (*Lehrorden*), the Cistercians (*Zisterzienser*), est. 1098, a technologically progressive order, the Premonstratensians (*Prämonstratenser*), est. 1120, above all a pastoral (*seelsorgerlich*) order. All had charitable (*karitativ*) functions.

Homes of Religious Orders

the monastery, the friary	das Kloster [FF], Mönchskloster [FF]
the priory	die Priorei
the abbey	die Abtei
the convent/nunnery	das Nonnenkloster [FF]

Places of Worship

the place of worship	die Kult-, Gedenkstätte
the cathedral	der Dom, die Kathedrale
the minster	das Münster
the church, ScE kirk	die Kirche, das Gotteshaus
the chapel	die Kapelle

Wordwise: 'Church or chapel?' is the characteristic British (and especially Welsh) question probing whether a person is Anglican ('church') or rather an adherent of one of the many dissenting sects ('chapel').

the meetinghouse	das evangelische Gebetshaus
the oratory	die Kapelle, der Andachtsraum
the temple	der Tempel
the mosque	die Moschee
the synagogue, the tabernacle	die Synagoge, die Stiftshütte
the church in the round	Kirche mit zentralem Altar

Parts of a Church

the nave	das Schiff
the central aisle, side aisle	der Mittelgang, das Seitenschiff
the transept	das Querschiff
the crossing	die Vierung
the rood screen	der Lettner
the chancel [FF]	der Altarraum
the apse, chevet	die Apsis
the Lady chapel	die Marienkapelle
the vestry	die Sakristei
the porch	das Portal
the tower, spire, steeple	der Turm, Spitzturm

Weigh Your Words: A British church 'tower' is traditionally square and truncated, with pinnacles (*Spitztürmchen*) at the four corners; a 'spire' is pointed; a 'steeple' is a spire superimposed on a tower.

the crypt	die Krypta, die Gruft
the cloisters [FF]	der Kreuzgang
the churchyard/graveyard	der Kirchhof, der Gottesacker
the cemetery	der Friedhof

Weigh Your Words: A 'graveyard' is traditionally situated around a church. A 'cemetery' is habitually larger and stands apart, often on the perimeter of a town.

the mausoleum	das Mausoleum
the City of the Dead	die Stadt der Toten
the gravestone; memorial stone	der Grabstein; das Epitaph [FF]

the altar/the Lord's Table	der Altar
the altar steps, the altar rail	die Altarstufen, das Altargitter
the choir stalls	das Chorgestühl
the organ	die Orgel
the gallery, the organ loft	die Empore, die Orgelempore
the shrine	der Schrein
the sanctuary, Holy of Holies	das Heiligtum, das Sanktuarium
the relic	die Reliquie
the pulpit	die Kanzel
the lectern	das Chorpult
the (baptismal) font	das Taufbecken
the pews	die Kirchenbank, das Gestühl
the stained glass (window)	die Glasmalerei
the brass(es)	die ziselierte Gedenktafel(n)

Wordwise: Brass-rubbing, a traditional British hobby, involves making crayon transfer copies (*Reiberdrucke*) – often more graphic than the originals – of the embossed gravestone brasses found on the floors and walls of some British parish churches.

Worship

the worship, the church service	der Gottesdienst
to worship, to attend church	zur Kirche gehen
Holy Communion, Eucharist	das Abendmahl, Eucharistiefeier
the Communion Cup/Chalice	der (Abendmahls-)Kelch
the host, the Communion wine	die Hostie, der Messwein
Holy Mass	die Messe
liturgy	die Liturgie
the Lord's Prayer	das Vaterunser
to pray, the prayer, prayer book	beten, das Gebet, das ~buch
the rosary, to tell one's beads	der Rosenkranz, den R~ beten
S/scripture, sacred writings	die Heilige Schrift
the hymn [FF]; the chorus	das Kirchenlied; kurzes ~
the Christmas carol	das Weihnachtslied
the carol service	die Christmette, -vesper
the psalm	der Psalm
the sermon [FF], to preach	die Predigt, predigen
to preach/deliver a sermon	eine Predigt halten
the confession, ~box	die Beichte, der Beichtstuhl
the Holy Water	das Weihwasser
incense	der Weihrauch
the collection, to take the ~	die Kollekte, eine ~ durchführen
the blessing, benediction, to bless	der Segen, segnen
the last rites, the last unction	die letzten Riten, letzte Ölung

Ministers of the Church

the clergy	der Klerus
the archbishop	der Erzbischof
the bishop	der Bischof

a) Anglican	the suffragan bishop	der Suffragan-, Weihbischof
	the archdeacon	der Archidiakon
	the dean	der (Kirchen)Dekan
	the provost	der Probst
	the clergyman, the reverend	der (protestantische) Geistliche
	the 'sky pilot', the 'Holy Joe'	der ‚Schwarzrock', der Pfaff(e)
	the vicar FF, parson	der Pfarrer
	the curate	der Vikar FF
	the chaplain	der Kaplan, der Seelsorger
	the lay preacher	der Laienprediger
	the itinerant preacher	der Wanderprediger
	the televangelist, telepreacher	der Fernsehprediger
	the missionary	der Missionar
	the church warden	der Kirchenvorsteher
Ministers of the Church b) Catholic	the Pope	der Papst
	the cardinal	der Kardinal
	the priest	der Priester
	to be ordained	prot. Geistlicher werden
	to enter/take on holy orders	kath. Geistlicher werden
	to unfrock, to be unfrocked	jdm. das Priesteramt entziehen
Worshippers	the congregation	die Gemeinde
	the communicant	der Abendmahlsgänger
	to take (holy) communion	das Abendmahl nehmen
	the church-goer, worshipper	der Kirchgänger, der Andächtige
	the laity	der Laienstand, die Laien
	to worship, adore, revere	anbeten
Church Organisation	the diocese	die Diözese
	the parish	die Gemeinde *(geogr.)*
	the cure of souls	die Pfarre; die Seelsorge
	the living, benefice; the sinecure	die Pfründe; die Sinekur

Wordwise: A 'living' is the post of a clergyman. Livings were often, and sometimes still are, in the gift of monarchs, Colleges or local figures. 'To earn one's living' or 'to make a living', however, is *seine Existenz/seinen Lebensunterhalt verdienen.*

	the incumbent	der Pfründeninhaber, Amts~
	the vicarage, rectory, parsonage	das Pfarramt, Pfarrhaus
	the manse	ScE das Pfarrhaus
	the church hall	der Gemeindesaal
	Lambeth Palace	Sitz des anglik. Erzbischofs
	the Vatican	der Vatikan
Church Activity	to evangelize, proselytize	missionieren
	to convert, to be converted	bekehren, bekehrt werden
	the convert	der/die Bekehrte

	to preach the Gospel	das Evangelium predigen
	the mission tent	das Missionszelt
	Sunday School	die Sonntagsschule
	charity, charity work	die Wohltätigkeit, karitative T~
	to give to charity	spenden
	altruism, altruistic	der Altruismus, altruistisch
	to help the poor, the needy	den Armen, Bedürftigen helfen
	to go on a pilgrimage	eine Wallfahrt machen
	the pilgrim	der/die Pilger(in)
	to give alms	Almosen geben
	to consecrate	weihen, segnen
	to excommunicate	exkommunizieren
The Christian Story	the Annunciation	die Verkündigung, Mariä V~
	the Three Wise Men, the Magi	die drei Weisen
	Jesus of Nazareth	Jesus von Nazareth
	John the Baptist	Johannes der Täufer
	the prophet, to prophesy	der Prophet, prophezeien
	the temptation in the wilderness	die Versuchung in der Wüste
	the twelve disciples	die zwölf Jünger
	the miracle, to perform miracles	das Wunder, W~ vollbringen

miracle des mots: odeur de feste ne ment. Carnets IV,
ANTOINE DE SAINT-EXUPÉRY

	the Feeding of the Five Thousand	die Speisung der Fünftausend
	the raising of Lazarus	die Auferweckung des Lazarus
	to heal the leper	den Aussätzigen heilen
	to turn the water into wine	Wasser in Wein verwandeln
	to walk on water	auf dem Meer/Wasser wandeln
	the Sermon on the Mount	die Bergpredigt
	the Beatitudes	die Seligpreisungen
	the Good Samaritan	der barmherzige Samariter
	the prodigal son	der verlorene Sohn
	the Last Supper	das heilige Abendmahl
	the Garden of Gethsemane	der Gethsemanegarten/Garten ~
	to deny Christ	Christus verleugnen
	Golgotha	der Hügel Golgatha
	the Crucifixion, to crucify	die Kreuzigung, kreuzigen
	to die on the cross	am Kreuz sterben
	the Resurrection	die Auferstehung
	to be raised from the dead	auferstehen von den Toten
	to speak in tongues	in Zungen reden
The Bible	the Old Testament	das Alte Testament
	Genesis	das erste Buch Mose
	Exodus	das zweite Buch Mose
	the Pentateuch	die Fünf Bücher Mose

	the New Testament	das Neue Testament
	the Gospels	die Evangelien
	the epistle, E~ to the Romans	der Brief, Römerbrief
	the parable	das Gleichnis
	Revelation	(die) Offenbarung

Key Idioms: 'We're a broad church' *Wir sind eine breite, liberale Gruppierung* – 'to the best of my belief' *nach bestem Wissen und Gewissen* – 'the Bible Belt' *extrem puritanisch-fundamentalistische Staaten im Süden und Mittleren Westen der USA* – 'The lecture was purgatory' *Die Vorlesung war höllisch langweilig* – 'He's a real pagan' *Er ist ein richtiger Hedonist* – 'Don't be so puritanical!' *Sei doch nicht so verklemmt!* – There was a mass exodus from the region *Es kam zu einem Massenexodus aus der Region* – Gospel truth *die volle Wahrheit* – Take a pew *Nimm doch Platz*! – That went out with the Ark! *Das ist vorsintflutlich!*

Key Old Testament Figures and Events	Noah's Ark	die Arche Noah
	the building of the Tower of Babel	der Turmbau zu Babel
	to sell one's birthright	sein Erstgeburtsrecht verkaufen
	the years of plenty, the lean years	die fetten u. die mageren Jahre
	the ten plagues	die zehn Plagen
	Moses and the Tablets of the Law	Moses u. die Tafeln des Gesetzes
	the Ten Commandments	die Zehn Gebote
	the Promised Land	das Land der Verheißung
	to worship the golden calf	um das goldene Kalb tanzen
	Daniel in the lions' den	Daniel in der Löwengrube

The Christian Calendar	Christmas	Weihnacht(en)
	Lent	die Fastenzeit
	Shrove Monday/Tuesday	Rosenmontag, Fastnachtsdienstag
	Palm Sunday	Palmsonntag
	Good Friday	Karfreitag
	Easter	Ostern
	Whitsun, Pentecost	Pfingsten, das Pfingstfest
	Ascension Day	(Christi) Himmelfahrt(stag)
	Corpus Christi Day	Fronleichnam(stag)
	Advent	die Adventszeit
	First Sunday in Advent	der erste Adventssonntag
	the baptism, christening; to baptize	die Taufe, taufen
	confirmation	die Konfirmation
	first communion	die Erstkommunion
	the bier FF	die Totenbahre
	the burial, the cremation	das Begräbnis, die Einäscherung
	the burial urn	die Urne
	the grave, the coffin	das Grab, der Sarg

Promise that my gravestone will carry only these words: 'If you can read this you've come too close.' DOROTHY PARKER

	the funeral; the burial service	die Trauerfeier
	the funeral oration	die Grabrede
Judaism	Judaism, Jewry	das Judentum
	Jewish Orthodox	jüdisch-orthodox
	Judaeo-Christian	jüdisch-christlich
	Yahweh	Jahwe
	the rabbi, rabbinical	der Rabbi(ner), rabbinisch
	the pharisee, the Sadducee	der Pharisäer, der Sadduzäer
	the Torah	die Tora (die 5 Bücher Mose) der Tora-Schrein
	the scribe	der Schriftgelehrte
	the Talmud	der Talmud
	the cantor	der Kantor
	the Sabbath	der Sabbat/Schabbat/Schabbes
	to break the Sabbath	den Sabbat entheiligen
	the Sabbath-breaker	der Sabbatschänder
	the Wailing Wall	die Klagemauer
	the menorah	die Menora (Schabbath-leuchter)
The Jewish Life	circumcision	die Beschneidung (Brit Mila)
	kosher	koscher
	milky, fleshy foods	milchige, fleischige Speisen
	the mikwe (ritual bath)	die Mikwe (das Ritualbad)
	the skull-cap	das Käppchen (‚Kippa')
The Jewish Past	the Exodus	der Exodus, Auszug a. Ägypten
	the scrolls	die Schriftrollen
	the Ark of the Covenant	die Bundeslade
	the diaspora	die Diaspora
	the Emancipation of the Jews	die Emanzipation der Juden
	the pogrom	der/das Pogrom
	the 'Crystal Night'	die Reichskristallnacht
	the Shoa, the Holocaust	der Holokaust

Whence and Why: Jews came to Britain with the early Normans, but were expelled (*des Landes verwiesen*) by Edward I in 1290. Only in 1656 under Oliver Cromwell were they re-admitted. A major wave of Jewish immigrants came in the late C 19th, fleeing from the East European pogroms (*Pogrome*), and a further wave before and during the Third Reich.

The Jewish Calendar	Jewish New Year	Rosch ha-Schana
	Yom Kippur, Feast of Reconciliation	Jom Kippur, das Versöhnungsfest

	the Feast of Passover	das Passahfest, Passah
	the Feast of Chanuka	das Chanukka-Fest
	the Feast of Tabernacles	Sukkot, Laubhüttenfest
Types of Judaism	Reform Judaism	das Reformjudentum
	the Orthodox, Reform Jew	der orthodoxe Jude, der Reform~
	the Rabbinist, Talmudist	der Rabbinist, Talmudist
	Zionism	der Zionismus
	the Prophet Muhammad	der Prophet Mohammed
Islam	Islam	der Islam
	Allah	Allah
	the Koran	der Koran
	the ayatollah	der Ayatollah
	the fatwa	das Fetwa
	the jihad (holy war)	der Dschihad (heiliger Krieg)
Buddhism	Buddha (the Enlightened One)	der Buddha (der Erleuchtete)
	Enlightenment	die Erleuchtung
	the Lesser/Greater Vehicle	das kleine/große Fahrzeug
	Zen Buddhism	der Zen-Buddhismus
	Nirvanah	das Nirvana

Ein Wort ist nicht dadurch erledigt, daß es, in aller Munde, breiig geworden ist. Argumente und Rezepte, LUDWIG MARCUSE

the Wheel of Becoming, Wheel of Rebirth	der Kreislauf der Wiedergeburten, Daseinskreislauf
metempsychosis	die Seelenwanderung
the eightfold path	der achtfache Pfad

Wordwise: The last of the four noble truths (*edle Wahrheiten*) of Buddhism lists the eight commandments to be followed to attain Nirvanah. They are: ethically correct views (*rechte Anschauung*), right resolutions (*rechtes Denken*), right speech (*rechtes Sprechen*), right action (*rechtes Handeln*), right livelihood (*rechtes Leben*), right effort (*rechtes Bemühen*), proper mindfulness (*rechte Besinnung*) and regular practice of concentration (*rechte Konzentration*). Together they lead to the virtues listed below.

clarity	die Klarheit
desirelessness, extinction of craving	das Erlöschen der Begierde
universal friendliness	universelle Freundlichkeit
compassion, sympathy FF; mercifulness	das Mitleid, Mitgefühl; die Barmherzigkeit
compassionate	mitfühlend; barmherzig

Hinduism	Vedism, Brahmanism	der Vedismus, Brahmanismus
	karma-determinism	der Karma-Determinismus
	the reincarnation of the soul	die Seelenwanderung

Wie Zauberworte, nachgelallt/ Und nicht begriffen in den Grund,/ So geht es jetzt von Mund zu Mund. HUGO VON HOFMANNSTHAL

the Veda, Vedas	der W/Veda, die W/Veden
the Upanishads	die Upanischaden

Christian Theology

God the Father, ~ the Son, ~ the Holy Ghost	Gott der Vater, ~ der Sohn, ~ der Heilige Geist
Christ FF	Christus
to become man	Mensch werden
the Word becomes Flesh	das Wort wird Fleisch
the Trinity, Trinitarian	die Trinität, an die T~ glaubend
the seraph, the cherub, pl. ~im	der Seraph, der Cherub, pl. ~im
the angel, archangel	der Engel, Erzengel
the guardian angel	der Schutzengel
Paradise, the Garden of Eden	das Paradies, der Garten Eden
to eat from the tree of knowledge	vom Baum der Erkenntnis essen
the Fall	der Sündenfall
Cain and Abel	Kain und Abel
the Flood	die Sintflut
sin and repentance, to repent	die Sünde und die Buße, büßen
penitent, repentant, remorseful	bußfertig, reuig, reumütig
the sinner, sinful FF	der/die Sünder(in), sündhaft
the devil, Satan, Beelzebub	der Teufel, der Satan

Wordwise: Among the numerous historical terms for the devil are: Lucifer – Old Ned – Old Nick – the Prince of Darkness – the Prince of the air – the Arch-fiend – the Demon – the Devil Incarnate – the Evil One – the Foul Fiend – the Old Enemy – the Tempter

to save, redeem; redemption	erlösen; die Erlösung
the Saviour, the Redeemer	der Heiland, der Erlöser
the good shepherd	der gute Hirte
atonement, propitiation	die Sühne
the Virgin Birth, Immaculate Conception	die unbefleckte Empfängnis
the Second Coming, the Parousia	die Wiederkehr (Christi)
Christology	die Christologie
the chosen few, the elect	die Auserwählten
predestination	die Prädestination
the Apostles' Creed, Apostolic Creed	das Apostolische Glaubensbekenntnis

Eschatology

eschatology	die Eschatologie
the afterlife, the (life) hereafter	das Jenseits
the Last Judgement, Doomsday	das Jüngste Gericht
the last things	die letzten Dinge
purgatory	das Fegefeuer

to damn, doom, to cast into hell	zur Hölle verdammen
damnation	die Verdammnis
heaven, bliss	der Himmel, die Seligkeit

Words are the only things that last forever. 'On Thought and Action', Table Talk, WILLIAM HAZLITT

Forms of Theology

the theologian	der Theologe/die Theologin
theism, mono~	der Theismus, Monotheismus
deism	der Deismus
otherworldly, worldly	jenseitig, diesseitig

Theology is logos *about* theos, *rational speaking about the suprarational.* PAUL TILLICH

good and evil	Gut und Böse
comparative religion	vergleichende Religionswiss.
ecumenism, ecumenical	die Ökumene, ökumenisch

Wordwise: 'Monotheism' is the belief in one deity, 'polytheism' (*der Polytheismus*) the belief in many gods. 'Pantheism' (*der Pantheismus*) (En kai pan) is the doctrine that God *is* everything; 'panentheism' (*der Panentheismus*) is the belief that God is *inherent within* all things and can be uncovered, released by human action.

the theodicy	die Theodizee
demythologization	die Entmythologisierung

Your Words, Your World: The first known use of the term 'sect' is *c.* 1380, in the writings of Wyclif himself. Of the many sects to subsequently enter the British language and British society, most are products of the Civil War years. Thus 'Presbyterian' is first recorded in 1641, 'Indepenent' one year later, 'Leveller' in 1644 and 'Digger' in 1649. By 1651, T. Hall can write of 'Ranters, Seekers, Shakers, Quakers and now Creepers'. The major later grouping to emerge are, of course, the 'Methodists', 1733, with their 'Methodism', 1739. The term 'Reformation' crops up somewhat belatedly in 1563, but 'Protestante' is first recorded in 1539, 'Puritans' following in 1571 – 'Puritans or unspottyd lambs of the Lord'. The concept of a 'High Churchman' is first found in 1687, on the eve of the Great and Glorious Revolution, 'Low Church' emerging just after, in 1702. Recent years have seen less respectful coinings, the 'God squad' coming in the early 1970s, and the noun/adjective 'happy-clappy' being applied from 1992 to members of Christian groups known for their enthusiastic worship.

Daß ich erkenne, was die Welt
Im Innersten zusammenhält,
Schau alle Würkungskraft und Samen
Und tu nicht mehr in Worten kramen.

Urfaust, J. W. v. GOETHE